말맛이 살고 글맛이 좋아지는

EBS 초등

글 홍옥 | 그림 신동민

EBS BOOKS

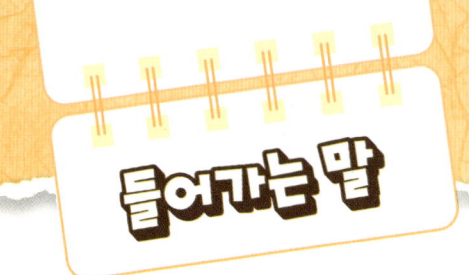

네 글자 속에 담긴 삶의 희로애락을 만나요!

'한자 성어'는 한자어 중에서 말이 만들어진 유래나 비유, 감정과 교훈 등을 담고 있는 어휘입니다. 이 속에는 네 글자로 이루어진 말이 많아서 '사자성어'라고도 해요. 그렇다면 비슷한 뜻으로 쓰는 '고사성어'는 무엇일까요? 고사성어는 사자성어 중에서도 옛이야기에서 유래한 말입니다. 주로 중국의 옛이야기가 많은데, 한자가 중국에서 생겨난 뜻글자이기 때문이지요. 복잡한 상황이나 감정들이 짧은 말로 표현되다 보니, 어떤 이야기를 품었고 어떤 뜻을 담고 있는지 알면 이해가 더 빠르고 기억에도 오래 남는답니다.

고사성어, 사자성어를 포함한 한자 성어들은 오랜 시간 우리말 속에 자리 잡으면서 다양한 표현으로 활용되고 있습니다. 살아가면서 겪는 일들에 관해 간결하게 표현하는 말이 되고, 복잡한 상황을 단번에 정리하는 말로 쓰이기도 해요. 예를 들어 "삶은 희로애락의 연속이야."라는 말은 '살면서 크고 작은 기쁨과 분노, 슬픔과 즐거움 등의 감정을 계속해서 경험한다'는 뜻입니다. '희로애락'이라는 네 글자로 삶을 깔끔하게 표현할 수 있어요.

　또 사자성어에는 옛사람들의 지혜와 경험이 녹아 있어서 알면 알수록 탁월한 맛이 느껴지기도 합니다. '대기만성'은 '큰 그릇을 만드는 데는 시간이 오래 걸린다'는 뜻이에요. 크게 될 사람은 그만큼 시간과 노력을 많이 들이기 때문에 남들보다 늦지만 더 큰 성공을 이루게 된다는 이야기지요. 겉으로 보기에 간단한 말이지만, 찬찬히 뜻을 되새겨 보면 고개가 저절로 끄덕여질 정도로 깊은 깨달음을 얻을 수 있습니다. 그게 바로 사자성어의 매력이 아닐까요?

　《어맛! 사자성어 맛집》은 우리가 생활 속에서 쓰는 여러 가지 사자성어를 접하고, 그 표현을 자연스럽게 익힐 수 있도록 했습니다. 사실, 사자성어는 한자로 이루어진 뜻글자라 어렵게 느껴질 때가 많아요. 하지만 여러 번 보면서 말이 품고 있는 속뜻과 쓰임을 알아 가다 보면, 사자성어를 적재적소에 잘 활용하고 있는 자신을 만나게 될 거예요. 무조건 외우지 말고, 이야기와 함께 쉽고 재미있게 이해해 보세요. 풍성한 어휘력은 자연스러운 이해와 공감하는 과정에서 쌓이는 것이랍니다.

차례

3장 사건의 맛

진정한 복수…46
고장 난 손바닥…48
그냥 안 할래…52
공포의 놀이공원…54
진정한 위로…58
사자성어 끝말잇기…63

1장 말의 맛

엉뚱한 대답…10
할 말 없다냥…12
말 안 되는 헛소문…16
이유 있는 거절…18
우리는 누구 편?…22
사자성어 끝말잇기…25

4장 갈등의 맛

오늘이 무슨 날?…66
겸이의 탐진…68
뜻깊은 선물…72
위로 아닌 위로…74
두 번째 실연…78
사자성어 끝말잇기…83

2장 숫자의 맛

겸이의 작심…28
아직 멀었어…30
간사한 꾀…34
냥냥이를 찾아라…36
본능적으로…40
사자성어 끝말잇기…43

5장 마음의 맛

급해서 그만…86
또 급해서 그만…88
떡볶이의 주인…92
건망증 때문에…94
냥냥이의 착각…98
사자성어 끝말잇기…101

6장 인생의 맛

진짜와 가짜 … 104
방방이가 좋아 … 106
등산의 묘미 … 110
다식이의 숨은 실력 … 112
환상의 짝꿍 … 116
사자성어 끝말잇기 … 119

7장 개성의 맛

개그 꿈나무 … 122
영이의 실체 … 124
감투만 쓰면 … 128
손님의 정체 … 130
누난 너무 멋져 … 134
사자성어 끝말잇기 … 137

8장 동물 등장의 맛

할머니와 콘서트 … 140
좋다 말았네 … 142
극단적인 해결책 … 146
오합지졸의 힘 … 148
현명한 방법 … 152
사자성어 끝말잇기 … 155

9장 소소한 맛

그래서 친구 … 158
반항하고 싶은 날 … 160
땀을 흘리면 … 164
은혜 갚은 냥냥이 … 166
아까운 일 … 170
사자성어 끝말잇기 … 173

10장 옛이야기의 맛

정당한 이유 … 176
아빠의 탄식 … 178
가까운 이별 … 182
연애의 전략 … 184
감동의 말 … 186
사자성어 끝말잇기 … 189

★ 사자성어 찾아보기 … 190

EBS 초등  시리즈는?

어휘력이 좋으면 공부가 재미있어지고, 말솜씨와 글솜씨 모두 좋아져요.
〈EBS 초등 어맛 시리즈〉는 재미있는 어휘 뜻풀이와 문장 활용을 통해
어린이들의 표현력과 문장력을 길러 줄 거예요.
맛있는 음식을 먹고 기분이 좋아지는 것처럼, 다양한 어휘와 표현을 맛보면서
풍요로운 언어생활을 즐겨 보세요.

등장인물

겸이
천성이 밝고 긍정적인 5학년 소년. 또래보다 작은 키가 고민일 때도 있지만 콤플렉스로 생각하지 않는다. 귀가 얇은 편. 냥냥이에게 가끔 속마음을 털어놓는다.

냥냥이
비 오는 날 겸이와 처음 만났고, 그 뒤로 3년째 같이 살고 있다. 꾹꾹이를 제법 잘한다.

다식이
책을 많이 읽는 다독왕. 박학다식한데 대충 아는 게 많아서 사자성어를 틀리게 말하곤 한다. 은근히 개그 욕심이 있다.

세리
겸이, 마요와 같은 반인 만능 운동 소녀. 승부욕이 강해서 반 대항 시합이 있으면 애들을 혹독하게 훈련한다. 친구들을 이끄는 리더십이 있다.

마요
겸이와 절친한 사이. 느끼한 구석이 있는데도 인기가 많다. 네 글자로 말하는 걸 좋아해 그런지 사자성어를 많이 안다. 부모님은 해외 근무 중. 떡볶이집을 하는 할머니와 산다.

영이
겸이의 여동생. 3학년이다. 조심성이 없지만, 마요 앞에선 얌전한 척한다. 겸이와 티격태격 자주 다툰다.

마요 할머니
떡볶이집을 하고 계시는 떡볶이계의 은둔 고수. 방탄청년단의 팬이시다.

엉뚱한 대답

감언이설 (달 甘 + 말씀 言 + 이로울 利 + 말씀 說)
귀가 솔깃하도록 남의 비위를 맞추거나 이로운 조건을 내세워 꾀는 말.

'감언이설'은 달콤한 말로 상대방의 환심을 사는 거예요. 비슷한 말로 '사탕발림'이 있어요. 사탕처럼 달콤한 말로 남의 비위를 맞추고 살살 달랜다는 뜻이지요. 상대가 듣기 좋게 꾸며 내거나 꾀를 낸 말은 자칫 속임수로 이어질 수 있어요. 아무리 좋은 말도 잘 따져 보고 걸러 들어야 해요.

"너의 감언이설에 속아서 가진 돈을 다 잃고 빈털터리가 되고 말았지."

동문서답 (동녘 東 + 물을 問 + 서녘 西 + 답할 答)
물음과는 전혀 다른 엉뚱한 대답.

비슷한 사자성어 문동답서(問東答西)

동쪽을 물었는데 서쪽으로 대답한다니, 말만 들어도 엉뚱하다는 걸 알 수 있죠? 무슨 질문을 하든 제대로 대답하지 않고 생뚱맞게 말하거나 반응하는 걸 말해요. 이는 질문하는 사람의 의도를 잘 몰라서 그럴 수 있지만, 대답하기 곤란할 때 일부러 못 알아듣는 척 하는 것일 수도 있어요.

"동문서답도 유분수지, 너 지금 일부러 그러는 거지!?"

이실직고 (써 以 + 열매 實 + 곧을 直 + 아뢸 告)

사실 그대로 알리거나 고하다.

비슷한 사자성어 ▶ 이실고지(以實告之)

뭔가 잘못을 하거나 어떤 나쁜 일에 연루가 되면 솔직하게 털어놓는 일이 쉽지 않아요. 상황을 설명하는 데 있어서 자신에게 해가 가지 않을까 걱정이 되어 약간의 거짓을 보태기도 하지요. '이실직고'는 자신이 목격하거나 잘못한 일 등에 관해 있는 사실 그대로 고백하는 거예요. 진실을 말하는 것도 용기가 필요한 일이랍니다.

"어제 네가 무슨 짓을 저질렀는지, 어서 이실직고해라."

유구무언 (있을 有 + 입 口 + 없을 無 + 말씀 言)

입은 있으나 할 말이 없음. 변명할 말이 없거나 해명하지 못함을 말함.

속담 중에 '입이 열 개라도 할 말이 없다'와 통해요. 입이 있을지언정 할 말이 없다는 얘기거든요. 그만큼 자신의 잘못이 뚜렷하게 드러난 일이라 그에 관해서 변명할 여지가 없다는 뜻이에요.

"네 말처럼 내가 다 잘못한 일이야. 유구무언이지."

사자성어 퀴즈 ①

단　직

(홑 單 + 칼 刀 + 곧을 直 + 들 入)

여러 말을 늘어놓지 아니하고 요점을 바로 말함을 이르는 말.

'혼자 칼 한 자루를 쥐고 적진을 향해 뛰어 들어간다'는 뜻이에요. 대화할 때 이러쿵저러쿵 부연 설명을 하지 않고 말의 핵심을 정확하고 빠르게 전달한다는 의미지요. 비슷한 말로 '거두절미'가 있어요. '머리와 꼬리를 자르고 몸통, 즉 핵심을 취해 말함'을 뜻해요.

▶ **비슷한 사자성어** 거두절미(去頭截尾)

"내가 **단도직입**으로 물을게, 너 나 좋아하지?"

촌□살□

(마디 寸 + 쇠 鐵 + 죽일 殺 + 사람 人)

간단한 말로도 남을 감동시키거나 남의 약점을 찌를 수 있음을 이르는 말.

본래 이 말은 '짧은 쇳조각으로 사람을 죽이듯 작은 것이라도 한 가지에 집중해 갈고닦으면 깨우치는 순간이 온다'는 뜻이에요. 오늘날에 뜻이 바뀌어, 아주 짧고 간결한 말로 핵심을 찌르거나 깊은 감동을 줄 때 '촌철살인'이라고 해요.

"싱거운 농담 속에 촌철살인의 말이 들어 있었어."

말 안 되는 헛소문

어불성설 (말씀 語 + 아닐 不 + 이룰 成 + 말씀 說)
이치에 맞지 않아 말이 되지 않음.

비슷한 사자성어 ▶ 만불성설(萬不成說)

이 말은 '말이 말로 이루어지지 않는다' 즉 '말이 안 된다'의 뜻이에요. 논리에 맞지 않아도 일단 우기면서 억지를 부릴 때가 있어요. 그러면 상대를 전혀 설득할 수 없어요. 말은 이치에 맞아야 설득력이 있거든요.

"점심이 너무 맛있어서 시험을 망쳤다는 건 어불성설이야."

유언비어 (흐를 流 + 말씀 言 + 바퀴벌레 蜚 + 말씀 語)
아무 근거 없이 널리 퍼진 소문.

비슷한 사자성어 ▶ 부언낭설(浮言浪說)

소문은 사람의 입과 입으로 전해지기 때문에 순식간에 사방으로 퍼져요. 그 과정에서 과장이 되고 전혀 다른 뜻으로 변질하여 버리곤 하지요. 특히 '유언비어'는 터무니없는 헛소문을 말해요. 누군가 골탕을 먹이려고 일부러 지어내어 퍼뜨리는 것도 유언비어예요.

"인터넷에 누가 악의적으로 유언비어를 퍼뜨렸어."

이유 있는 거절

 이런 뜻이 있어요

 말의 맛

교언영색 (교묘할 巧 + 말씀 言 + 명령할 令 + 빛 色)
남의 마음을 얻기 위해 교묘하게 꾸며서 하는 말과 얼굴빛.

다른 사람에게 잘 보이기 위해서 말과 행동을 일부러 꾸미는 사람이 있어요. 솔직하지 못한 모습이지요. '교언영색'은 자신이 필요한 걸 얻기 위해서 남의 비위를 맞추는 거예요. 칭찬 일색에 알랑거리는 태도가 여기에 해당돼요. 진심이 담겨 있는지 아닌지, 잘 경계해야 해요.

"그 애 조심해. 교언영색으로 다른 사람 뒤통수칠 애야."

일언지하 (하나 一 + 말씀 言 + 어조사 之 + 아래 下)
한 마디로 잘라 말함. 두말할 나위 없음.

말을 한 마디로 딱 잘라서 표현하는 일은 쉽지 않아요. 보통은 상대방의 반응을 생각하면서 주저리주저리 설명하게 되거든요. '일언지하'는 주로 "일언지하에 거절했다."처럼 한 마디로 잘라 말했다는 의미를 표현할 때 써요. 아주 확실하고 결단력 있게 말하는 태도이지요.

"내 제안을 더 들어 볼 가치도 없는 얘기라고 일언지하에 거절하더라."

사자성어 퀴즈 ❸

마 이 □ □

(말 馬 + 귀 耳 + 동녘 東 + 바람 風)

남의 말을 귀담아듣지 않고 흘려들음.

동녘에서 부는 봄바람이 말의 귀에 스친들, 풀을 뜯고 있던 말은 그 의미를 몰라요. 이 말은 당나라의 시인 이백이 절친한 친구 왕십에게 "아무리 좋은 시를 쓰고 쓴소리를 한들 세상 사람들이 귀 기울이지 않으니, 이는 마치 봄바람이 말 귀에 스쳐 가는 것 같지 않은가. (유여동풍사마이 : 有如東風射馬耳)"라고 한탄한 편지에서 비롯되었어요.

비슷한 사자성어 여풍과이(如風過耳), 우이독경(牛耳讀經)

"그렇게 경고했는데 흘려듣다니, 마이동풍이 따로 없네."

  ④

언 행 ☐ ☐

(말씀 言 + 다닐 行 + 하나 一 + 이를 致)

**말한 대로 실행함.
말과 행동이 하나로 들어맞음.**

  말은 입으로 하니까 내뱉기 쉽지만, 말한 대로 행동하기란 쉽지 않아요. 귀찮은 마음과 여러 가지 유혹을 이겨 내는 게 어렵거든요. 하지만 입밖에 내뱉은 말과 다짐이 행동으로 이어져야 비로소 성과를 얻을 수 있어요. 비슷한 말로 '말짓일치'가 있어요. 이 말은 '말짓'과 '일치'가 합쳐진 말로, 한자로만 이루어진 사자성어는 아니에요.

 "말만 하지 말고 행동으로 실천하라고. 언행일치 몰라?"

우문현답 (어리석을 愚 + 물을 問 + 어질 賢 + 대답할 答)
어리석은 질문에 현명한 대답을 함.

비슷한 사자성어 ▶ 현문우답(賢問愚答)

유명한 사람들 인터뷰를 보면, 문제의 본질을 알지 못한 채 엉뚱한 질문을 하는데도 명쾌하게 답변하는 경우가 있어요. 그럴 때 "우아, 우문현답이구나!"라고 해요. 또 곤혹스러운 질문에 대답하기 애매할 때 재치 있는 표현으로 에둘러 말하는 것도 이렇게 표현해요.

"곤란한 질문을 받았는데도 잘 넘어가다니, 정말 우문현답이었어."

횡설수설 (가로 橫 + 말씀 說 + 설 竪 + 말씀 說)
조리가 없는 말을 이러쿵저러쿵 지껄임.

비슷한 사자성어 ▶ 횡수설거(橫竪說去)

한자를 보면, '가로로 말하다가 세로로 말한다'의 뜻이에요. 본래 이 말은 불교에서 유래되었는데, '여러 가지로 비유하거나 예를 들어서 듣는 이가 쉽게 깨우치도록 하는 것'을 뜻했어요. 하지만 오늘날에는 앞뒤가 맞지 않게 말하거나 이랬다저랬다 하는 등 핵심을 파악할 수 없는 말과 글을 뜻해요.

"횡설수설하지 말고 말을 정확하게 해."

사자성어 퀴즈 ⑤

(호걸 豪 + 말씀 言 + 씩씩할 壯 + 말씀 談)

호기롭고 자신 있게 말함.

의기양양한 태도로 큰소리치는 걸 '호언장담'이라고 해요. 때에 따라서는 허세를 부리는 걸로 비쳐질 수 있어요. 주변 상황이나 앞으로 일어날 일을 생각지 않고 일단 말부터 앞세우는 것일 수도 있으니까요. 호방한 태도는 좋지만, 근거 없이 큰소리치는 건 지양해야 해요.

"이번 경기에서 이길 거라고 호언장담하더니, 완전히 져서 어떡하냐?"

사자성어 끝말잇기

고 - ㅅ - ㅂ - 가

(높을 高 + 소리 聲 + 놓을 放 + 노래 歌)

😀 풀이 술에 취하여 거리에서 큰 소리를 지르거나 노래를 부르는 짓.

가 - ㄷ - ㅎ - 설

(거리 街 + 말씀 談 + 거리 巷 + 말씀 說)

😀 풀이 거리나 마을에 떠도는 이야기.

설 - ㅇ - ㅅ - 래

(말씀 說 + 갈 往 + 말씀 說 + 올 來)

😀 풀이 서로 말이나 변론을 주고받으며 옥신각신함.

정답: 고성방가 → 가담항설 → 설왕설래

일거양득 (하나 一 + 들 擧 + 두 兩 + 얻을 得)
한 가지 일을 하여 두 가지 이익을 얻음.

비슷한 사자성어 ▶ 일석이조(一石二鳥), 일거이득(一擧二得)

한 가지 일로 두 가지 좋은 일이 동시에 일어난다면 얼마나 뿌듯하고 좋을까요. '돌 하나를 던져서 새 두 마리를 잡는다'는 뜻의 '일석이조'와 함께 많이 쓰여요. 사자성어가 좋아서 공부하다 보니 한자 실력이 저절로 늘었다면, 그야말로 일거양득이 아닐까요?

"매일 달리기 연습을 했더니 건강도 좋아지고 살도 빠졌어. 일거양득이지."

작심삼일 (지을 作 + 마음 心 + 석 三 + 날 日)
'단단히 먹은 마음이 사흘을 못 간다'는 뜻으로, 결심이 굳지 못함을 이르는 말.

'작심'은 '어떤 마음을 단단히 먹는 일'이에요. 하기 싫은 일을 의식적으로 하겠다는 의지가 담겨 있어요. 하지만 사람 마음은 쉽게 변하고, 굳은 결심도 흐지부지될 때가 많아요. 마음먹은 일을 3일 넘게 유지하는 일은 생각보다 어렵답니다. 그 어려운 일을 해냈을 때 더 큰 보람이 생겨요.

"아빠, 금연하시겠다더니 작심삼일이었던 거예요?"

삼삼오오 (석 三 + 석 三 + 다섯 五 + 다섯 五)
서너 사람이나 대여섯 사람이 떼를 지어 다니거나 무슨 일을 하는 모양을 나타내는 말.

비슷한 사자성어 ▶ 삼오삼오(三五三五)

숫자 '삼'과 '오'가 반복되는 이 말은 몇몇이 무리 지어 다니는 모습을 보여 줘요. 당나라 시인 이백의 〈채련곡〉에서 나오는 표현이에요. '삼삼오오영수양(三三五五映垂楊)'이라 해서 3, 4명 또는 5, 6명의 사람들이 짝을 지어 수양버들 사이를 다니는 모습을 묘사하고 있답니다.

"삼삼오오 모여서 수다 떨던 때가 그리워."

일파만파 (하나 一 + 물결 波 + 일만 萬 + 물결 波)
한 사건이 그 사건에 그치지 않고 잇따라 많은 사건으로 번짐.

강물에 돌멩이를 던졌을 때 물결이 계속해서 생기며 퍼져 나가는 걸 본 적 있나요? 이처럼 '일파만파'는 어떤 일이 계속해서 더 많은 사건이나 일로 번져 나가는 걸 말해요. 작게 시작한 일이 큰 결과로 확대되는 것이지요.

"불매 운동이 일파만파로 퍼져 나가고 있어."

사자성어 퀴즈 ❻

□ 망 □ 진

(하나 一 + 그물 網 + 칠 打 + 다할 盡)

**'한 번 친 그물로 고기를 다 잡는다'는 뜻.
어떤 무리를 한꺼번에 모조리 잡음을 이르는 말.**

그물 하나로 물고기를 한꺼번에 잡는다면 얼마나 통쾌할까요. 뉴스에서 경찰들이 범죄집단이나 무리를 한꺼번에 잡아들였을 때 자주 나오는 말이에요. 중국 송나라 때 인종의 신하 왕공진이 눈엣가시였던 재상 두연과 그의 사위 소순흠을 한꺼번에 체포한 데서 유래했어요.

비슷한 사자성어 ▶ 망타(網打)

"경찰이 전자금융 사기꾼들을 일망타진했다는 소식입니다."

  # 사자성어 퀴즈 ❼

☐ 군 ☐ 마

(일천 千 + 군사 軍 + 일만 萬 + 말 馬)

**엄청난 규모의 군대.
일이 진행될 때 큰 도움이 되는 상황을 이르는 말.**

여기에서 '천'과 '만'은 직접적인 수를 뜻하기보다는 '엄청나게 많은'이라는 뜻이에요. 즉 천 명의 군사와 만 마리의 말은 대규모 군대를 말해요. 그만큼 전쟁에서 큰 도움이 되는 상황을 말하지요. 어떤 일이 진행될 때 큰 도움이 되는 상황이나 사람한테 자주 써요.

비슷한 사자성어 ▶ 천병만마(千兵萬馬)

"오합지졸 우리 팀에 선수 출신이 오다니,
천군만마를 얻은 기분이야."

간사한 꾀

조삼모사 (아침 朝 + 석 三 + 저물 暮 + 넉 四)

'아침에 3개, 저녁에 4개'란 뜻으로, 간사한 꾀로 남을 속여 놀리는 말.

비슷한 사자성어 ▶ 조삼(朝三)

중국 송나라 때 저공이란 사람이 원숭이들에게 먹이를 아침에 3개, 저녁에 4개씩 주겠다고 하자 원숭이들이 적다고 화를 냈어요. 그럼 아침에 4개, 저녁에 3개씩 주겠다고 하니 그제야 원숭이들이 좋아했대요. 잔꾀를 이용해 상대를 속이는 것뿐만 아니라, '당장 눈앞의 차이만 알고 그 결과가 같다는 걸 모르는 어리석음'을 뜻하기도 해요.

"가격을 올려놓고 반값으로 팔다니, 이거 순 조삼모사잖아."

일희일비 (하나 一 + 기쁠 喜 + 하나 一 + 슬플 悲)

한편으로 기쁘고 또 한편으로는 슬픔. 또는 기쁨과 슬픔이 번갈아 일어남.

비슷한 사자성어 ▶ 일희일우(一喜一憂)

감정은 상황에 따라 변해서 좋은 일에 기뻐하고 안 좋은 일에 슬퍼하는 건 당연해요. 그렇더라도 순간순간 닥쳐오는 상황에 감정만 휘둘려서는 앞으로 나아가지 못해요. 주로 "일희일비하지 말자."라는 표현으로 어떤 일에 의연히 대처하고자 할 때 써요.

"너튜브 조회 수에 일희일비하지 마. 꾸준히 너만의 색깔을 보여 주면 돼."

일사천리 (하나 一 + 쏟을 瀉 + 일천 千 + 마을 里)
'강물이 쏟아져 단번에 멀리 간다'는 뜻으로, 어떤 일이 거침없이 빨리 진행됨을 이르는 말.

비슷한 사자성어 ▶ 구천직하(九天直下)

'천 리'는 대략 400킬로미터 정도 돼요. '일사천리'는 쏟아진 강물이 순식간에 먼 거리에 다다랐음을 말해요. 그만큼 일에 속도가 붙어 재빨리 진행된다는 뜻이에요. 또 문장이나 글이 막힘없이 쭉 나가는 걸 말하기도 해요. 비슷한 말 '구천직하'는 '하늘에서 땅으로 일직선으로 떨어진다'는 뜻으로, 일사천리의 형세를 나타낸답니다.

"자, 결정했으면 고민하지 말고 일사천리로 진행합시다."

사방팔방 (넉 四 + 모 方 + 여덟 八 + 모 方)
여기저기 모든 방향과 방면.

비슷한 사자성어 ▶ 사각팔방(四角八方)

'사방'은 동서남북 '네 방위'이고, 여기에 동북, 동남, 서북, 서남의 '사우'를 합쳐서 '사방팔방'이라고 해요. 즉 모든 방향을 말하는 거예요.

"내 얼굴 보려고 사방팔방에서 모여든 거 맞지?"

사자성어 퀴즈 ⑧

칠 ☐ 팔 ☐

(일곱 七 + 머리 顚 + 여덟 八 + 일어날 起)

'일곱 번 넘어지고 여덟 번 일어난다'는 뜻으로, 실패를 거듭해도 굴하지 않고 노력함.

계속 실패해도 포기하지 않고 도전하는 것을 비유적으로 이르는 말이에요. '백 번 꺾여도 굴하지 않는다'의 '백절불굴'과 통해요. 그만큼 후회하지 않도록 노력하겠다는 정신력이 느껴져요. 요즘은 우스갯소리처럼 '삼전사기, 사전오기, 육전칠기'라고도 써요.

▶ **비슷한 사자성어** 백절불굴(百折不屈)

"난 실패해도 다시 일어날 거야. 칠전팔기 정신으로."

구☐일☐

(아홉 九 + 죽을 死 + 하나 一 + 날 生)

죽을 고비를 여러 차례 넘기고 겨우 살아남.

  원래 이 말은 '구사무일생(九死無一生)'으로 '아홉 번 죽는 동안 한 번도 살아나지 못함'을 뜻하다가 후에 '죽을 뻔하다가 겨우 살아남'의 '구사일생'으로 바뀌었어요. 몹시 어렵고 위급한 상황을 넘겼을 때도 쓰지요. 비슷한 말 '기사회생'은 '거의 죽을 뻔하다 도로 살아남'을 뜻해요.

▶ 비슷한 사자성어 기사회생(起死回生)

"안전띠를 맨 덕분에 **구사일생**으로 살아남았어."

본능적으로

십중팔구 (열 十 + 가운데 中 + 여덟 八 + 아홉 九)
열 가운데 여덟이나 아홉 정도로 거의 틀림없음.

비슷한 사자성어 ▶ 십상팔구(十常八九)

열에 여덟이나 아홉 정도이면 확률상 80~90퍼센트예요. 그래서 이 말은 '거의 다 됨'이나 '예외 없이 그러할 것이라는 추측'으로 쓰여요. 그렇더라도 100퍼센트는 아니에요. 더러 너무 큰 확신에 차서 실수할 수도 있으니, 경계하길 바라요.

"엄마가 화내면 **십중팔구** 아빠 잘못이에요."

백전백승 (일백 百 + 싸울 戰 + 일백 百 + 이길 勝)
싸울 때마다 다 이김.

비슷한 사자성어 ▶ 백전불패(百戰不敗)

중국의 손무가 쓴 《손자병법》의 〈모공〉 편에서 비롯됐어요. 원래는 '적을 알고 나를 알면 백 번 싸워도 위태롭지 않다'는 뜻의 '지피지기 백전불태(知彼知己 百戰不殆)'예요. 이 말이 더 직접적인 뜻의 '백전백승'으로 바뀌어 쓰이고 있어요.

"우리 야구부는 **백전백승**의 실력을 갖추고 있지."

사자성어 퀴즈 ⑩

십 □ 일 □

(열 十 + 숟가락 匙 + 하나 一 + 밥 飯)

**'밥 열 술이 한 그릇이 된다'는 뜻으로,
여럿이 힘을 합하면 한 사람을 돕기는 쉽다는 말.**

열 사람이 한 숟가락씩 내놓으면 밥 한 공기는 금세 만들어요. 한 사람의 한 끼를 마련해 줄 수 있지요. 이렇듯 여러 사람이 뜻을 모으면, 작은 힘으로도 한 사람을 거뜬하게 도울 수 있어요. '마음을 같이하여 서로 도움'의 '동심협력'과도 통해요.

비슷한 사자성어 동심협력(同心協力)

"우리가 십시일반으로 모아서 기부하자."

사 — 대 — 육 — 신

(넉 四 + 큰 大 + 여섯 六 + 몸 身)

😀 **풀이** '두 팔, 두 다리, 머리, 몸뚱이'라는 뜻으로, 온몸을 이르는 말.

신 — 토 — 불 — 이

(몸 身 + 흙 土 + 아닐 不 + 두 二)

😀 **풀이** '몸과 땅은 둘이 아니고 하나'라는 뜻으로, 자기가 사는 땅에서 난 농산물이라야 체질에 맞음을 이르는 말.

이 — 팔 — 청 — 춘

(두 二 + 여덟 八 + 푸를 靑 + 봄 春)

😀 **풀이** 16세 무렵의 꽃다운 청춘. 혈기 왕성한 젊은 시절.

진정한 복수

와신상담 (누울 臥 + 땔나무 薪 + 맛볼 嘗 + 쓸개 膽)
원수를 갚거나 맘먹은 일을 이루기 위해 괴로움을 참고 견딤을 이르는 말.

비슷한 사자성어 ▶ 절치부심(切齒腐心)

'불편한 땔나무에 누워서 쓰디쓴 쓸개를 맛본다'는 뜻으로, 중국 춘추 시대 오나라 왕과 월나라 왕의 이야기에서 나온 고사성어예요. 두 왕은 서로에게 복수하기 위해 장작더미 위에서 잠을 잤고, 쓸개를 먹으며 견뎠어요. 한순간도 흔들리지 않으려고 자신의 몸을 괴롭히면서 독기를 품은 거예요. '몹시 분하여 이를 갈며 속을 썩임'의 '절치부심'과 통해요.

 "내가 와신상담하면서 놈에게 복수할 날을 기다리고 있다."

고진감래 (괴로울 苦 + 다할 盡 + 달 甘 + 올 來)
고생 끝에 즐거움이 옴을 이르는 말.

반대되는 사자성어 ▶ 흥진비래(興盡悲來)

살아가면서 어려운 일이나 고된 일을 겪게 되더라도 그 뒤에 작든 크든 즐거운 일이 생긴답니다. 속담 '고생 끝에 낙이 온다'와 통해요. 반대되는 말은 '즐거운 일이 다하면 슬픈 일이 닥쳐온다'의 '흥진비래'예요. 세상일은 돌고 도는 것임을 일러 주지요.

 "인생 고진감래라더니, 이렇게 좋은 날이 오는구나."

고군분투 (외로울 孤 + 군사 軍 + 떨칠 奮 + 싸움 鬪)
적은 인원이나 약한 힘으로 남의 도움을 받지 않고 힘에 벅찬 일을 잘 해내는 것을 비유적으로 이르는 말.

비슷한 사자성어 ▶ 고전분투(孤戰奮鬪)

이 말은 원래 '따로 떨어져 도움을 받지 못하게 된 군대가 열세에도 굴하지 않고 용감하게 잘 싸움'을 뜻해요. 그 말이 힘든 상황에서도 주변의 도움 없이 홀로 문제를 해결해 나가는 것으로 확장되었어요. 끝까지 포기하지 않는 용기, 본받을 만하지요?

"회장이 우리 반을 위해서 고군분투 중이야."

고장난명 (외로울 孤 + 손바닥 掌 + 어려울 難 + 울 鳴)
'한 손바닥으로는 소리를 못 낸다'는 뜻으로, 혼자 힘으로 어떤 일을 이루기 어려움을 이르는 말.

비슷한 사자성어 ▶ 독장난명(獨掌難鳴)

손뼉도 두 손을 부딪쳐야 소리가 나고 싸움도 맞서는 적이 있어야 일어나요. 뭔가 일을 진행하다가 서로 잘 맞지 않을 때 "손바닥도 마주쳐야 소리가 나지."라고 한탄할 때가 있어요. 일이 잘되려면 서로 손도 맞추고 마음도 맞춰야 해요.

"고장난명이라고, 아무리 혼자 애쓴들 잘될 리가 없잖아."

형설 ☐ ☐

(개똥벌레 螢 + 눈 雪 + 어조사 之 + 공 功)

'반딧불·눈과 함께 이룬 성공'이란 뜻으로, 고생하면서도 부지런히 공부하는 자세를 이르는 말.

옛날 중국 진나라 차윤은 생활이 어려워 여름밤에 반딧불을 모아 그 빛으로 글을 읽었고, 손강은 겨울밤 하얗게 쌓인 눈빛에 비추어 글을 읽었다고 해요. 가난하고 어려운 상황에서도 묵묵히 학문을 닦아 성공한 이야기로, '낮에 농사짓고 밤에 글을 읽는다'는 뜻의 '주경야독'과 통해요.

비슷한 사자성어 주경야독(晝耕夜讀), 손강영설(孫康映雪)

"나 때는 말이야, 반딧불이와 흰 눈을 빛 삼아 공부했어. 그게 바로 **형설지공**이라고."

대 기 ☐ ☐

(큰 大 + 그릇 器 + 늦을 晚 + 이룰 成)

크게 될 사람은 늦게라도 이루어짐을 이르는 말.

'큰 그릇은 아주 더디게 이루어진다'는 뜻으로, 중국의 사상가인 노자의 《도덕경》이란 책에서 나온 구절이에요. 큰일이나 큰 인물은 여러 가지 어려움을 겪은 뒤에야 비로소 훌륭하게 이루어진다는 이야기예요. 단번에 성공하지 못한다고 조급해하지 말고, 꾸준히 노력하면서 꿈을 이룰 날을 기다려 보면 어떨까요?

"**대기만성**이란 말이 있듯이 너도 언젠가 대스타가 될 거야."

그냥 안 할래

새옹지마 (변방 塞 + 늙은이 翁 + 어조사 之 + 말 馬)

'변방 늙은이의 말'이란 뜻으로, 세상일은 변화가 많아서 예측하기 어렵다는 말.

비슷한 사자성어 새옹득실(塞翁得失)

옛날 중국 변방에 살던 한 노인의 말이 달아났는데, 노인은 오히려 복이 될지 모른다고 했어요. 과연 도망간 말이 훌륭한 말을 데려왔어요. 그러자 노인이 화가 될지 모른다고 했는데, 새 말을 타던 아들이 낙마했어요. 노인은 이 일이 다시 복이 될지 모른다 했고, 얼마 뒤 전쟁이 일어났어요. 하지만 다친 노인의 아들은 전장에 나가지 않아도 되었어요. 이렇듯 세상일은 화가 되기도 복이 되기도 하니, 확신할 수 없다는 말이에요.

"인생사 **새옹지마**라고 좋은 날도 오지 않겠니."

전화위복 (구를 轉 + 재앙 禍 + 할 爲 + 복 福)

근심이나 화, 걱정이 바뀌어 오히려 복이 됨을 이르는 말.

비슷한 사자성어 반화위복(反禍爲福)

나쁜 일이더라도 이겨 내려고 노력하면 좋은 일로 만들 수 있음을 알려 주는 말이에요. 어렸을 때 천식을 심하게 앓던 박태환 선수는 호흡기를 촉촉하게 해 주는 수영을 하면서 천식을 관리했고, 부단한 연습과 노력으로 올림픽 금메달리스트가 되었어요. '전화위복'은 '새옹지마'와 비슷해 보이지만, 화가 복으로 바뀐다는 뜻이 더 강해요.

"두려워하지 마. 현재의 위기를 **전화위복**으로 삼으면 돼."

우여곡절 (멀 迂 + 남을 餘 + 굽을 曲 + 꺾을 折)
마구 뒤얽혀 복잡해진 사정을 이르는 말.

비슷한 사자성어 ▶ 파란만장(波瀾萬丈)

이 말은 삶이나 일이 평탄하게 흘러가지 않고 복잡하게 얽혀서 돌아가는 걸 말해요. 비슷한 말로는 '파란만장'이 있는데, '파도와 물결의 높이가 만 장에 이름'을 뜻해요. 1장이 약 3미터니까 만 장이면 파도의 높이가 무려 30킬로미터예요. 그만큼 살면서 겪게 되는 시련과 변화가 심하다는 얘기예요.

"우여곡절을 거듭했더니, 웬만한 일에는 놀라지도 않아."

다사다난 (많을 多 + 일 事 + 많을 多 + 어려울 難)
여러 가지 일도 많고 어려움도 많음을 이르는 말.

비슷한 사자성어 ▶ 다사다단(多事多端)

한 해를 마무리할 때 많이 쓰는 말 중 하나예요. 일도 많고 탈도 많았다는 뜻이지요. 하루에도 수십 가지의 일이 일어나는데, 하물며 일 년 동안이라면 말을 안 해도 알겠지요? 비슷한 말로 '다사다단'이 있는데, '여러 가지 일이 서로 뒤얽혀 복잡하다'는 뜻으로, '우여곡절'과도 통해요.

"올 한 해는 정말 다사다난했어."

사자성어 퀴즈 ⑬

풍 □ 박 □

(바람 風 + 날 飛 + 누리 雹 + 흩을 散)

**'바람에 날려 우박이 흩어진다'는 뜻으로,
사방으로 날려서 사라지는 모습을 이르는 말.**

'풍지박산'으로 잘못 쓰는 일이 많은데, '풍비박산'만 표준어예요. 두 번째로 오는 한자가 '날 비(飛)'라는 사실을 잊지 마세요. '풍비박산'은 어떤 사물이나 일이 산산이 부서져 망가지다 못해 흩어지는 거예요. 얼마나 엉망인지 말로 다 설명할 수 없어요.

비슷한 사자성어 ▶ 풍산(風散)

"삼촌 사업이 망하는 바람에 집안이 풍비박산 났대!"

막 □ 막 □

(없을 莫 + 위 上 + 없을 莫 + 아래 下)

더 낫고 더 못함의 차이가 거의 없음.

　어느 것이 위고 아래인지 분간할 수 없을 지경이란 뜻이에요. 비슷한 말로는 '난형난제'가 있어요. '누구를 형이라 하고 아우라 하기 어렵다'는 뜻으로, 우열을 가릴 수 없고 다 비슷하다는 얘기예요. 속담 '도토리 키 재기'와도 통해요.

비슷한 사자성어 ▶ 난형난제(難兄難弟)

"1등과 2등의 실력이 막상막하 같은데."

일취월장 (날 日 + 나아갈 就 + 달 月 + 장수 將)
나날이 다달이 자라거나 발전함.

비슷한 사자성어 일진월보(日進月步)

조금씩 실력을 쌓아서 많은 것을 이루고, 끊임없이 노력하여 점차 나아져 감을 말해요. 공부나 일할 때 나날이 성장하는 모습이 보인다면 그것만큼 보람찬 일도 없을 거예요. 비슷한 말로 '일진월보'가 있어요.

"마요의 게임 실력이 일취월장 좋아지고 있어."

호사다마 (좋을 好 + 일 事 + 많을 多 + 마귀 魔)
좋은 일에는 방해되는 일이 많음. 또는 그런 일이 많이 생김을 이르는 말.

비슷한 사자성어 시어다골(鰣魚多骨)

좋은 일이 잘 진행되면 좋은데 가끔 탈이 생길 때가 있어요. 이 말에는 '좋은 일에는 방해되는 일이 많으니, 방심하지 말고 항상 긴장을 늦추지 말라'는 충고가 담겨 있어요. 비슷한 말 '시어다골'은 '맛 좋은 준치에 가시가 많다'는 뜻으로, '좋은 면의 다른 쪽에는 좋지 않은 면도 많다'는 의미예요.

"호사다마라더니, 대회에서 우승하고 곧바로 몸져눕고 말았다며?"

살⬜⬜인

(죽일 殺 + 몸 身 + 이룰 成 + 어질 仁)

자신의 몸을 희생하여 인을 이룸.

'인(仁)'은 남을 사랑하고 어질게 행동하는 일이에요. 공자가 주장한, 유교에서 제일 중요하게 생각하는 도덕적 가치이지요. '살신성인'은 다른 사람을 위해 자신을 기꺼이 희생하는 마음에서 비롯된 행동이에요. 불의에 맞서 싸우거나 위험에 빠진 사람을 위해 목숨을 내놓는 일이 그렇지요.

비슷한 사자성어 ▶ 살신입절(殺身立節)

"물에 빠진 사람을 구하고 희생한 청년의 **살신성인** 정신을 기억하자."

사자성어 퀴즈 ⑯

풍 ☐ ☐ 화

(바람 風 + 앞 前 + 등잔 燈 + 불 火)

**'바람 앞의 등불'이라는 뜻으로,
매우 위태로운 처지에 놓여 있음을 이르는 말.**

바람 앞에 있는 촛불을 상상해 보세요. 꺼질 듯 말 듯 위태롭기 짝이 없어요. 촛불의 운명처럼 위기에 빠진 처지를 표현할 때 이 말을 써요. 더 긴박한 상황을 얘기할 때는 '한 번 건드리기만 해도 폭발할 것같이 위급한 상태'란 뜻의 '일촉즉발'을 쓰기도 해요.

비슷한 사자성어 풍전등촉(風前燈燭), 일촉즉발(一觸卽發)

"피구 대회에서 혼자 남은 나는 풍전등화처럼 위태로웠어."

61

사자성어 퀴즈 ⑰

우 공 ☐ ☐

(어리석을 愚 + 공변될 公 + 옮길 移 + 뫼 山)

말풍선: "내가 못 옮기면 내 자식들이 옮기고, 그 자식들이 옮기고…."
말풍선: "풉! 결혼을 할 수 있을까?"

'어리석은 노인이 산을 옮긴다'는 뜻으로, 어떤 일이든 끊임없이 노력하면 반드시 이루어짐을 이르는 말.

우공이라는 노인이 집을 가로막고 있던 산을 옮기려고 대대로 흙을 파서 나르겠다고 하자, 그 의지에 감동한 신이 산을 옮겨 준 데서 유래한 말이에요. 남들 눈에 어리석어 보이는 일일지라도 우직하게 밀고 나가면 못 해낼 게 없다는 뜻이에요. '도끼를 갈아 바늘을 만들다'의 '마부작침'과도 통해요.

▶ 비슷한 사자성어: 마부작침(磨斧作針)

"공부는 우공이산의 마음으로 꾸준히 해야 해"

이 – ㅎ – ㅈ – 산

(떠날 離 + 합할 合 + 모을 集 + 흩을 散)

😀 풀이 　헤어졌다가 만나고 모였다가 흩어짐.

산 – ㅈ – ㅅ – 전

(뫼 山 + 싸울 戰 + 물 水 + 싸울 戰)

😀 풀이 　'산에서도 싸우고 물에서도 싸웠다'는 뜻으로, 세상의 온갖 고생과 어려움을 다 겪었음을 이르는 말.

전 – ㅁ – ㅎ – 무

(앞 前 + 없을 無 + 뒤 後 + 없을 無)

😀 풀이 　이전에도 없었고 앞으로도 없음을 이르는 말.

오늘이 무슨 날?

*냐오옹 : 이 집 남자들 실망이다냥.

이심전심 (써 以 + 마음 心 + 전할 傳 + 마음 心)
마음과 마음으로 서로 뜻이 통함.

비슷한 사자성어 ▶ 심심상인(心心相印)

때때로 말로 하지 않았는데도 서로 통한다거나 내 마음을 알아주는 사람을 만날 때가 있어요. 이 말은 원래 불교에서 불법을 말과 글이 아닌, 마음과 마음으로 전하였다고 한 데서 비롯되었어요. 요즘은 '텔레파시'란 말을 비슷한 뜻으로 쓰기도 해요.

"우린 처음 보자마자 이심전심으로 통했어."

전전긍긍 (싸울 戰 + 싸울 戰 + 조심할 兢 + 조심할 兢)
몹시 두려워서 벌벌 떨며 조심함.

비슷한 사자성어 ▶ 전긍(戰兢)

말에서 불안한 마음으로 끙끙대는 듯한 느낌이 들지 않나요? '전전'은 '겁을 먹고 떠는 것'이고, '긍긍'은 '몸을 바짝 움츠리는 것'으로, 옛날 중국의 고대 시집 《시경》에 나오는 구절이에요. 마치 살얼음판을 걷는 듯 조심스러운 마음이 느껴지지요?

"부모님 몰래 게임 팩을 샀는데, 들킬까 봐 전전긍긍이야."

견물생심 (볼 見 + 만물 物 + 날 生 + 마음 心)
어떤 실물을 보게 되면 그것을 가지고 싶은 욕심이 생김을 이르는 말.

광고에서 본 물건이 눈앞에 있으면 관심이 가고 탐나지 않나요? 그런 욕심을 꾹 참긴 하지만요. 이 말은 '지나친 소비나 사치하는 태도를 경계하라'는 뜻이 포함돼 있어요. 물건에 욕심이 나는 건 자연스러운 감정이지만, 절제하면서 잘 다스릴 수 있어야 한다는 의미이지요.

"**견물생심**이라고 지갑을 보니까 손이 가더라고."

자포자기 (스스로 自 + 사나울 暴 + 스스로 自 + 버릴 棄)
'자신을 스스로 해치고 버린다'는 뜻으로, 절망에 빠져 자신을 포기하고 돌아보지 않음을 이르는 말.

비슷한 사자성어 ▶ 포기(暴棄)

어떤 일에 좌절하면 "포기하지 마."란 말을 들을 때가 있어요. '포기'는 '자포자기'의 줄임말로 자신을 학대하고 보살피지 않는 걸 말해요. 무슨 일에든 가장 기본이 되는 자세가 바로 자기를 먼저 사랑하는 거예요. 그러면 희망이 생기고, 자신을 끌고 갈 힘이 생겨요.

"될 대로 되라지 하는 **자포자기**의 심정을 가지면 아무것도 할 수 없어."

좌 □ 안 □

(앉을 坐 + 아닐 不 + 편안할 安 + 자리 席)

'앉아도 자리가 편하지 않다'는 뜻으로, 마음이 불안하거나 걱정스러워서 안절부절못하는 모양을 이르는 말.

어떤 고민이 있거나 불안감이 있으면 마음 편히 앉아 있는 게 잘 안 돼요. 초조한 마음으로 온 신경이 예민해져서 오줌이 마렵고 식은땀도 나요. '좌불안석'은 그런 심리를 아주 잘 표현한 말이에요.

"소행성이 지구에 충돌할지도 모른다는 뉴스에 모두 좌불안석했다."

일□단□

(하나 一 + 조각 片 + 붉을 丹 + 마음 心)

'한 조각의 붉은 마음'이란 뜻으로, 진심에서 우러나오는 변치 않는 마음을 이르는 말.

옛 선비들은 임금을 향한 변치 않는 충성심을 가장 큰 덕목으로 봤어요. 그런 마음을 '일편단심'이라 했지요. 고려 말 충신 정몽주의 〈단심가〉도 충심을 담고 있어요. 죽어서 뼈가 흩어지고 흙먼지가 되어도 고려의 임금을 향한 마음을 변치 않겠다고 다짐했어요.

비슷한 사자성어 단심(丹心)

"너를 향한 내 마음은 언제나 일편단심이야."

> **감개무량** (느낄 感 + 분개할 慨 + 없을 無 + 헤아릴 量)
> 마음속에서 느끼는 감동이 헤아릴 수 없을 만큼 끝이 없음.

'감개'는 '어떤 감동이나 느낌에서 배어 나오는 것'이고, '무량'은 '헤아릴 수 없을 만큼 많거나 큼'을 말해요. 마음으로 스며든 감동이 그 끝을 알 수 없을 정도로 엄청나게 크다는 말이에요. 감격스러운 순간이나 오랜만에 느끼게 된 벅찬 마음을 표현할 때 써요. 슬픈 일을 당했을 때는 쓰지 않아요.

"꿈에 그리던 우주 탐사를 하게 되다니, 감개무량하다."

> **심사숙고** (깊을 深 + 생각 思 + 익을 熟 + 상고할 考)
> 깊이 잘 생각함.
>
> | 비슷한 사자성어 | 심사숙려(深思熟慮) |

아주 깊이 그리고 곰곰이 생각하는 거예요. 어떤 문제든 바로 해결되는 일은 많지 않아요. 고민에 고민을 거듭하고 잘 생각해야 해결 방법이 떠오르곤 하지요. 신중하게 생각하는 자세는 누군가에게는 답답해 보일 수 있지만, 문제의 뒤탈이나 후회가 없도록 하는 데 필요하답니다.

"오랜 심사숙고 끝에 일을 관두기로 했어."

자격지심 (스스로 自 + 과격할 激 + 어조사 之 + 마음 心)

자기가 한 일에 대하여 스스로 만족스럽지 않게 여기는 마음.

비슷한 사자성어 ▶ 자괴지심(自愧之心)

'열등감'의 원인이 되는 게 바로 '자격지심'이에요. 자신이 한 일에 대해 만족하기는커녕 후회하는 마음이 들다 보면, 스스로 남보다 못하다는 생각을 하게 돼요. 그런 마음 때문에 상대에게 더 떳떳하지 못한 행동을 하거나 예민하게 굴 때도 있어요. 비슷한 말 '자괴지심' 은 '스스로 부끄러워하는 마음'이에요.

"누구나 실수할 수 있으니까 괜한 자격지심은 갖지 마."

동병상련 (같을 同 + 병들 病 + 서로 相 + 불쌍히 여길 憐)

'같은 병을 앓는 사람끼리 서로 가엽게 여긴다'는 뜻으로, 어려운 처지에 있는 사람들이 서로 불쌍히 여김을 이르는 말.

비슷한 사자성어 ▶ 동주상구(同舟相救)

같은 처지에 있는 사람을 만나면 자신도 이미 그 괴로움을 알고 있어서 동정하는 마음이 생길 수밖에 없어요. 어떻게든 돕고 싶고 힘이 되어 주고 싶어 하지요. 비슷한 말 '동주상구'는 '같은 배에 탄 사람이 배가 뒤집히면 서로 힘을 모아 구한다'는 뜻이에요.

"너도 짝사랑 중이라니, 동병상련의 동지애가 싹트는구나."

사자성어 퀴즈 20

□ 지 □ 지

(바꿀 易 + 땅 地 + 생각 思 + 어조사 之)

남과 처지를 바꾸어 생각해 봄.

싸움은 '내 입장'에서만 생각해서 비롯되는 일이 많아요. 상대방의 입장이 되어 생각해 보면 "아, 그럴 수도 있겠다." 하는 이해심이 생겨서 싸우거나 비난하는 일이 줄어들어요. '역지사지' 태도는 다른 사람과 더불어 살아가는 데 꼭 필요해요.

"역지사지로 생각해 보면, 그 애가 왜 그랬는지 이해할 수 있어."

☐유☐단

(넉넉할 優 + 부드러울 柔 + 아닌가 不 + 끊을 斷)

어물어물 망설이기만 하고 결단성이 없음을 이르는 말.

　마음이 물러 딱 잘라 내지 못하고 어정쩡하게 행동하는 걸 '우유부단'이라고 해요. '유유부단'이라고 알고 있는 사람들이 있는데, 이는 잘못된 표현이에요. 비슷한 말에는 '줏대 없이 두루뭉술하고 순하여 남의 비위를 다 맞추는 사람'이란 뜻의 '무골호인'이 있어요.

비슷한 사자성어 ▶ 무골호인(無骨好人)

"제발 **우유부단**하게 행동하지 말고 결단을 내려."

오매불망 (깰 寤 + 잠잘 寐 + 아닐 不 + 잊을 忘)
자나 깨나 잊지 못함.

비슷한 사자성어 ▶ 오매사복(寤寐思服)

자면서도 깨어서도 잊지 못할 정도면 항상 잊지 못한다는 거예요. 그만큼 '상대를 향한 그리움이 크거나 근심 걱정이 많다'는 뜻이겠지요. 비슷한 말 '오매사복'은 '자나 깨나 생각하고 또 생각하다'의 뜻이에요.

"헤어진 그 사람을 **오매불망** 그리워했어."

동상이몽 (같을 同 + 평상 床 + 다를 異 + 꿈 夢)
'한자리에 같이 자면서 다른 꿈을 꾼다'는 뜻으로, 겉으로는 같이 행동하지만 속으로 딴생각하는 것을 비유적으로 이르는 말.

비슷한 사자성어 ▶ 동상각몽(同牀各夢)

같은 처지에 있으면서도 서로 생각하는 바나 목표가 다를 때 이 말을 써요. 외교에서 보면 전략상 서로 힘을 합치거나 더 큰 일을 도모하기 위해 나라끼리 동맹을 맺지만, 기대하는 결과가 달라서 금세 깨지기도 해요.

"복권 당첨금을 두고 각자 **동상이몽**을 꾸고 있다."

사자성어 퀴즈 ㉒

기 고 □ □

(기운 氣 + 높을 高 + 일만 萬 + 어른 丈)

일이 뜻대로 잘될 때, 우쭐하여 뽐내는 기세가 대단함을 이르는 말.

원래 이 말은 '펄펄 뛸 만큼 대단히 화가 난 상태'를 말해요. 기세가 엄청나게 높이 뻗은 상태가 확장되어 자신의 능력이나 성과가 좋아서 한껏 으스대는 모습을 비유하게 된 거예요. 어깨에 힘이 잔뜩 들어간 채 오만방자하게 구는 모습이 그려지지 않나요?

비슷한 사자성어 호기만장(豪氣萬丈), 기세등등(氣勢騰騰)

"그 애는 도대체 뭐가 잘났기에 그렇게 기고만장이지?"

허 심 ☐ ☐

(빌 虛 + 마음 心 + 평평할 坦 + 품을 懷)

품은 생각을 터놓고 말할 만큼 아무 거리낌이 없이 솔직함.

고민이 있거나 마음속으로 끙끙 앓고 있는 사람에게 잘 쓰는 말이에요. 마음에 있는 걸 털어 내고 훌훌 비우라는 뜻이지요. 마음을 진솔하게 털어놓으면 후련할 뿐만 아니라 보이지 않았던 새로운 해결책이 나타나기도 해요.

"뭐가 불만인지 허심탄회하게 털어놔 봐."

인 지 ☐ ☐

(사람 人 + 어조사 之 + 항상 常 + 뜻 情)

사람이면 누구나 가지는 보통의 마음이나 감정.

아주 특별한 감정이 아니라, 생각과 감정을 가진 사람이라면 누구나 느낄 만한 보편적인 마음을 말해요. 예를 들어 어려운 사람을 보면 돕고 싶고, 죽음을 앞둔 사람을 보면 위로하고 함께 슬퍼하고 싶은 마음이 그렇지요.

 "우리가 누구냐고 물으신다면 대답해 드리는 게 **인지상정!**"

노 ㅅ ㅊ 사

(수고로울 勞 + 마음 心 + 그을릴 焦 + 생각 思)

😀 풀이   몹시 마음을 쓰며 애를 태움.

사 ㄹ ㅅ 욕

(사사로울 私 + 이로울 利 + 사사로울 私 + 욕심 慾)
😀 풀이   사사로운 이익과 욕심을 이르는 말.

욕 ㅇ ㅁ 토

(하고자 할 欲 + 말씀 言 + 아닐 未 + 토할 吐)

😀 풀이   '하고자 하는 말을 아직 다 하지 못하였다'는 뜻으로, 감정의 깊이가 있음을 이르는 말.

자업자득 (스스로 自 + 일 業 + 스스로 自 + 얻을 得)
자기가 저지른 일의 결과를 자기가 돌려받음.

비슷한 사자성어 ▶ 자업자박(自業自縛), 자승자박(自繩自縛)

자신이 저지른 실수나 일에 관한 결과를 자신이 받는 건 어떻게 보면 당연한 거예요. 이 말은 욕심을 내 무리하다가 일이 그르치게 된 경우에 많이 써요. '자신이 꼰 새끼줄에 자신이 묶이게 된다'는 뜻의 '자승자박'과도 일맥상통하지요.

"애초에 잘못한 사람은 그 애였으니, 자업자득이지."

과유불급 (지날 過 + 오히려 猶 + 아닐 不 + 미칠 及)
'정도가 지나침은 미치지 못함과 같다'는 뜻.

비슷한 사자성어 ▶ 과불급(過不及)

공자의 가르침이 담긴 《논어》에 나오는 말이에요. 공자의 제자 자공이 '사'와 '상'이라는 제자를 두고 어느 쪽이 낫냐고 묻자, 공자는 "사는 지나치고 상은 미치지 못하다. 지나침은 미치지 못함과 같다."라고 대답했어요. 넘치거나 모자라지 않고 어느 한쪽으로 치우치지 않는 '중용'의 상태가 중요하다는 말이랍니다.

"아무리 건강에 좋은 것도 너무 많이 먹으면 과유불급이야."

 이런 뜻이 있어요

 갈등의 맛

속수무책 (묶을 束 + 손 手 + 없을 無 + 꾀 策)
손을 묶은 것처럼 어쩔 도리가 없이 꼼짝 못 함.

비슷한 사자성어 백계무책(百計無策)

손이 묶이면 아무것도 할 수 없어요. 눈앞에 안타까운 일이 벌어지는데도 어쩌지 못한 채 지켜볼 수밖에 없는 답답한 상황에서 쓰는 말이에요. 비슷한 말 '백계무책'은 '온갖 묘수를 다 써도 해결할 방법을 찾지 못함'을 뜻해요.

"한번 고집을 부리기 시작하면 우리도 **속수무책**이야."

적반하장 (도둑 賊 + 돌이킬 反 + 연 荷 + 지팡이 杖)
'도둑이 도리어 매를 든다'는 뜻으로, 잘못한 사람이 오히려 아무 잘못도 없는 사람을 꾸짖음을 이르는 말.

비슷한 사자성어 아가사창(我歌査唱)

자기가 잘못해 놓고 남 탓을 하거나 오히려 큰소리를 낼 때 쓰는 말이에요. 비슷한 말로 '아가사창'이 있어요. 이는 본래 '내가 부를 노래를 사돈이 부른다'는 뜻으로, '자기가 할 말을 상대편이 먼저 함'을 말하는데, '꾸짖음을 들어야 할 사람이 도리어 큰소리치는 것'을 의미하기도 해요. 속담 '방귀 뀐 놈이 성낸다'와도 통해요.

"**적반하장**이라더니, 네가 잘못하고 누구를 탓해?"

사자성어 퀴즈 25

설 □ 가 □

(눈 雪 + 위 上 + 더할 加 + 서리 霜)

**'눈 위에 서리가 덮인다'는 뜻으로,
어려운 일이나 불행이 겹쳐서 일어남을 이르는 말.**

눈 위에 서리까지 덮인 길은 얼마나 안 좋을까요? 비슷한 말 '전호후랑'은 '앞문에서 호랑이를 막으려니 뒷문으로 이리가 들어온다'는 뜻이에요. 속담 '엎친 데 덮치다', '기침에 재채기' 등과도 뜻이 통해요.

비슷한 사자성어 ▶ 전호후랑(前虎後狼)

"시험 기간인데 배탈 난 것도 모자라 설상가상으로
몸살 기운까지 있어."

  # 사자성어 퀴즈 ❷⑥

인 ☐ 응 ☐

(인할 因 + 열매 果 + 응할 應 + 갚을 報)

선행을 하면 선의 결과가, 악행을 하면 악의 결과가 반드시 뒤따름.

　불교에서는 현재의 삶은 과거를 어떻게 살았느냐에 따라서, 미래의 삶은 현재를 어떻게 살아가느냐에 따라서 달라진다고 봤어요. 좋은 일을 하면 좋은 일로, 나쁜 일을 하면 나쁜 일로 대가를 받는다고 생각했지요. 속담 '콩 심은 데 콩이 나고 팥 심은 데 팥이 난다'와 뜻이 통해요.

비슷한 사자성어 종과득과(種瓜得瓜), 종두득두(種豆得豆)

 "흥부가 복을 받고 놀부가 벌을 받은 건 다 **인과응보**야."

이런 뜻이 있어요

약육강식 (약할 弱 + 고기 肉 + 강할 强 + 먹을 食)

'약한 동물은 강한 동물이 먹는다'는 뜻으로, 승자와 패자가 힘으로 구별되는 상황을 이르는 말.

비슷한 사자성어 우승열패(優勝劣敗)

강한 자가 약한 자를 희생시켜 잘나가거나, 약한 자가 강한 자 때문에 망할 때 쓰는 말이에요. 생존 경쟁에서 도덕이나 윤리가 아닌, 힘이 센 자가 살아남는다는 냉혹한 현실을 보여 주지요. '강한 자는 번성하고 약한 자는 패한다'의 '우승열패'와도 뜻이 통해요.

"이 약육강식 세계에서 어떻게 살아남아야 할지 모르겠어."

어부지리 (고기 잡을 漁 + 사내 夫 + 어조사 之 + 이로울 利)

'어부의 이익'이란 뜻으로, 두 사람이 다투고 있는 사이 그 일과 관계없는 제삼자가 이익을 보게 됨을 이르는 말.

비슷한 사자성어 방휼지쟁(蚌鷸之爭)

도요새가 조개를 쪼아 먹으려다가 조개가 입을 닫는 바람에 주둥이를 물렸어요. 둘이 다투는 틈을 타 지나가던 어부가 둘 다 잡을 수 있었지요. 중국의 조나라가 연나라를 치려 할 때, 연나라의 신하 소대가 두 나라가 싸우면 더 강한 진나라가 둘을 얻게 될 거라고 한 데서 유래했어요. '도요새와 조개의 싸움에 어부가 이득을 봄'의 '방휼지쟁'과도 통해요.

"너희가 서로 비방해서 후보 자격을 잃은 덕분에 어부지리로 내가 회장이 되었어."

오리무중 (다섯 五 + 마을 里 + 안개 霧 + 가운데 中)

'넓게 퍼진 안개 속에 있다'는 뜻으로, 일의 방향이나 갈피를 잡을 수 없음을 이르는 말.

중국 후한 시절, 이름난 학자인 장해를 모두 만나고 싶어 했어요. 하지만 사람들과 섞이는 게 싫은 장해는 사방 5리(약 2킬로미터)를 안개로 둘러싸는 도술을 부려서 자취를 감추었어요. 희뿌연 안개 속에 들어선 것처럼 길이나 상황을 도저히 알 수 없을 때 쓰는 말이에요.

"수사의 진전이 없고, 오리무중에 빠졌다고 하던데?"

좌충우돌 (왼쪽 左 + 찌를 衝 + 오른쪽 右 + 부딪칠 突)

이리저리 마구 치고받고 부딪침.

비슷한 사자성어 ▶ 동충서돌(東衝西突)

영화나 책 소개에서 자주 접하게 되는 말이에요. '좌충우돌 모험담', '좌충우돌 소동'처럼요. 어떤 일에 함부로 맞닥뜨리게 되거나 혼란하고 시끄러운 상황에 부딪힐 때 많이 쓰지요. 자동차가 여기저기 부딪치는 정신없는 상황이 그려지지 않나요?

"걱정하지 마. 좌충우돌 부딪치며 앞으로 나가면 되지."

주 객 ☐ ☐

(주인 主 + 손님 客 + 머리 顚 + 거꾸로 倒)

'주인과 손님의 처지가 뒤바뀐다'는 뜻으로, 앞뒤 차례나 서로의 입장이 뒤바뀐 경우를 이르는 말.

이 말은 일의 우선순위가 바뀌거나, 본래의 것과 부수적인 역할이 바뀌는 등 일의 흐름과 역할이 반대로 흘러갈 때 써요. '집에 초대한 손님이 도리어 주인같이 행동한다'는 뜻의 '객반위주'와 통해요. 비슷한 속담으로 '배보다 배꼽이 더 크다'가 있어요.

비슷한 사자성어 ▶ 객반위주(客反爲主)

"**주객전도**라더니, 취미로 시작한 일이 직업이 되었어."

오 월 ☐ ☐

(나라 이름 吳 + 나라 이름 越 + 같을 同 + 배 舟)

'오나라와 월나라가 한배를 탔다'는 뜻으로, 서로 미워하는 사이라도 공동의 어려움을 해결하기 위해서 협력해야 하는 상황을 이르는 말.

사이가 좋지 않은 오나라와 월나라 사람이 배에서 풍랑을 만나자, 살기 위해 힘을 합쳤다는 고사에서 유래했어요. 이 말은 '적의를 품은 사람들이 한자리에 있게 되어 매우 불편하고 어색한 상황 그 자체'를 가리키기도 해요.

"원수지간이더라도 서로 힘을 합쳐야 한다니, 오월동주가 따로 없군."

냥냥이의 착각

앗, 모기다!

우아, 냥냥이 **전광석화**처럼 빠르네. 훌륭해!

오~!

냥냥이, 이 **배은망덕**한 녀석! 이게 뭐야!

냥냥이가 모기를 잡아다 안방에 풀어 놔서 밤새 물렸어.

엄마, 왜 그래요?

냐옹~! (좋아하는 줄 알았다냥.)

 이런 **뜻**이 있어요

 갈등의 맛

전광석화 (번개 電 + 빛 光 + 돌 石 + 불 火)

번갯불이나 부싯돌의 번쩍거리는 불처럼 매우 짧은 시간이나 매우 재빠른 움직임 따위를 이르는 말.

비슷한 사자성어 ▶ 석화(石火)

아마 유명 애니메이션에서 나오는 귀여운 캐릭터가 쓰는 능력 때문에 많이 들어 봤을 거예요. 짧은 시간에 번개처럼 번쩍하면서 재빠른 공격을 펼쳐요. 비슷한 말로는 '부싯돌을 맞부딪치면 순간적으로 일어나는 불'인 '석화'뿐만 아니라 '찰나', '삽시간', '순식간' 등이 있어요.

"그 친구는 무슨 일이든 전광석화처럼 빨리 처리해."

배은망덕 (등 背 + 은혜 恩 + 잊을 忘 + 덕 德)

남에게 입은 은혜를 저버리고 배반함.

비슷한 사자성어 ▶ 배은(背恩)

이 말은 남에게 받은 도움이나 은혜를 잊는 것도 모자라 도리어 해치려 한다는 뜻이 담겨 있어요. 은혜를 보답하지는 못할지언정 해를 끼치는 사람 속은 얼마나 검을까요. 속담 '은혜를 원수로 갚는다'와도 뜻이 통해요.

"내가 그렇게 잘해 줬는데 배신하다니, 배은망덕이 이런 건가."

99

사자성어 퀴즈 ㉙

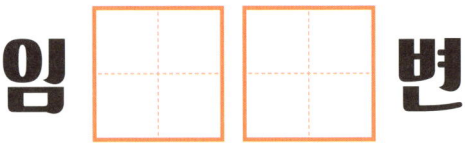

(임할 臨 + 틀 機 + 응할 應 + 변할 變)

그때그때 처한 형편에 따라 일을 알맞게 처리함.

  뜻밖의 일을 당했을 때, 적절하게 반응하고 기지를 발휘해서 잘 해결하는 사람이 있어요. 이럴 때 '임기응변'이 뛰어나다고 하지요. 간혹 이 말을 '임시방편'과 착각하는 일이 있는데, '임시방편'은 '갑자기 터진 일에 간단하게 둘러맞추어 처리함'을 뜻해요. 잠깐의 해결이랍니다.

비슷한 사자성어 수기응변(隨機應變), 수시응변(隨時應變)

"아빠는 임기응변의 재주가 있지."

사자성어 끝말잇기

정면충돌

(바를 正 + 낯 面 + 찌를 衝 + 부딪칠 突)

😊 풀이 두 물체가 정면으로 부딪치거나 맞부딪쳐 싸움.

돌입내정

(부딪칠 突 + 들 入 + 안 內 + 뜰 庭)

😊 풀이 남의 집 안에 허락도 없이 불쑥 들어감. 내정돌입.

정문일침

(정수리 頂 + 문 門 + 하나 一 + 바늘 鍼)

😊 풀이 '정수리에 침을 놓는다'는 뜻으로, 따끔한 충고나 교훈을 이르는 말. 정상일침.

안빈낙도 (편안할 安 + 가난할 貧 + 즐길 樂 + 길 道)
가난한 생활을 하면서도 편안한 마음으로 도를 즐겨 지킴.

비슷한 사자성어 ▶ 안분지족(安分知足)

가난이 결코 편할 리 없어요. 그런데도 거기에 얽매이지 않고 도리어 편안한 마음으로 배움을 즐기는 태도를 보인다니, 정말 대단하지 않나요? 비슷한 말 '안분지족'은 '자기 분수에 만족하며 평안하게 삶'을 말해요.

"할아버지는 고향에서 안빈낙도의 삶을 살고 계셔."

일장춘몽 (하나 一 + 마당 場 + 봄 春 + 꿈 夢)
'한바탕 봄밤의 꿈'이라는 뜻으로, 인간 세상의 덧없음을 비유적으로 이르는 말.

비슷한 사자성어 ▶ 인생무상(人生無常)

따뜻한 봄날, 잠깐 잠들어 꾼 꿈은 잠에서 깨는 순간 싹 사라져요. 아무리 즐거웠고 좋았던 꿈일지라도요. 인간 세상의 이런저런 일들도 지나고 보면 한낱 꿈이란 얘기예요. 그러니 부와 명예만 좇으며 자신을 너무 닦달하지 말라는 뜻으로 생각할 수도 있어요. 비슷한 말 '인생무상'도 '인생이 덧없음'을 뜻해요.

"조금 전까지 우주를 여행하고 있었는데, 일장춘몽이었네."

방방이가 좋아

끄갸오!

에휴, 저게 재밌나?

난 무서워.

구경만 하지 말고 일단 한번 뛰어 봐.

얘들아, 올라와. 정말 재밌어.

잠시 후

방방 뛰면서 열두 살 인생의 희노애락을 느끼다니!

희로애락!

둘 다 **무아지경**이네.

그럴 줄 알았어.

인생 타령 말고 그냥 놀기나 해.

무아지경 (없을 無 + 나 我 + 어조사 之 + 지경 境)
정신이 한곳에 온통 쏠려 자신을 잊고 있는 경지.

비슷한 사자성어 ▶ 무아경(無我境)

불교에서 '무아'는 '세상에 존재하지 않는 나'를 말해요. 죽음을 뜻하는 게 아니라 그만큼 이 세상을 초월한 경지에 올랐다는 얘기예요. '무아지경'은 '어떤 일에 온 마음을 집중하여 자신을 잊어버리는 상태'예요. 얼마나 푹 빠져들면 그런 경지에 이를까요?

 "게임하는 걸 보니 완전히 무아지경에 빠졌네."

희로애락 (기쁠 喜 + 성낼 怒 + 슬플 哀 + 즐길 樂)
기쁨과 노여움, 슬픔과 즐거움 등 인간이 느끼는 감정.

살아가면서 느끼는 여러 가지 감정을 가리키는 말인데, 삶 자체를 표현하기도 해요. 기쁨과 슬픔, 분노와 즐거움 등은 누구나 살면서 겪는 것이니까요. 간혹 '희노애락'으로 잘못 쓰는 사람이 있는데, 이는 비표준어랍니다.

 "그 애는 좀체 얼굴에 희로애락의 감정을 나타내지 않아."

사자성어 퀴즈 30

(비단 錦 + 위 上 + 더할 添 + 꽃 花)

**'비단 위에 꽃을 더한다'는 뜻으로,
좋은 일에 또 좋은 일이 생김을 이르는 말.**

중국 송나라 시인 왕안석이 〈즉사〉란 시에서 "즐거운 노랫가락 비단 위에 꽃을 더한 듯하네."라고 노래한 데서 유래됐어요. 귀하고 부드러운 비단 위에 꽃 자수를 놓으면 더욱더 예쁘겠지요? 반대말은 '나쁜 일에 나쁜 일이 더해진다'의 '설상가상'이에요.

반대되는 사자성어 ▶ 설상가상(雪上加霜)

"이 물건은 품질도 좋고 값도 싸고, 금상첨화야."

  사자성어 퀴즈 ③1

박 □ 대 □

(손뼉 칠 拍 + 손바닥 掌 + 큰 大 + 웃을 笑)

손뼉을 치며 크게 웃음.

손뼉 치면서 큰 소리로 유쾌하게 웃는 거예요. 비슷한 말로는 '파안대소'가 있어요. '아주 즐거운 표정으로 활짝 웃음'을 뜻해요. '크게 껄껄 웃음'을 뜻하는 '홍연대소'도 있어요. 이처럼 아무 걱정 없이 크게 웃는 날이 많으면 좋겠지요?

비슷한 사자성어 파안대소(破顔大笑), 홍연대소(哄然大笑)

 "내가 입만 벙긋해도 다들 **박장대소**하고 난리라니까."

109

등산의 묘미

정상에 가면 사람들이 왜 자연에서 **유유자적** 살고 싶어 하는지 알게 될 거야.

산은 오를수록 **점입가경**이야.

헉헉! 글쎄요, 힘들기만 한데요.

나도.

우아~, 구름바다가 펼쳐졌어요!

아빠도 같이 왔으면 좋았을 텐데….

힘들게 올라온 보람이 있지?

히야, 정말 멋지다!

흑, 배탈만 안 났어도.

꾸르륵

점입가경 (차차 漸 + 들 入 + 아름다울 佳 + 지경 境)
들어갈수록 점점 더 좋거나 재미가 있음.

이야기 흐름이나 어떤 상황이 가면 갈수록 흥미진진해지거나 좋아질 때 쓰는 말이에요. 그런데 요즘은 시간이 지날수록 돌아가는 상황이 별로이거나 꼴불견일 때 비웃듯이 이 말을 쓰기도 해요. "그 사람 거짓말이 아주 점입가경이더군." 이렇게요.

"불꽃놀이는 마지막으로 갈수록 점입가경이었다."

유유자적 (멀 悠 + 멀 悠 + 스스로 自 + 갈 適)
속세를 떠나 아무 속박 없이 편안하고 조용하게 사는 모습.

비슷한 사자성어 ▶ 안한자적(安閑自適)

어떤 틀이나 구속을 벗어나 한가롭고 걱정 없이 사는 모습을 말해요. 남들 눈에는 속도가 느리고 답답해 보이지만, 스스로는 여유를 가지고 찬찬히 살아가고 있는 거랍니다. 비슷한 말로 '안한자적'이 있어요. '평화롭고 한가로워 마음 내키는 대로 즐김'이란 뜻이에요.

"선생님께서는 유유자적의 생활을 하고 계십니다."

다식이의 숨은 실력

다식이네 집

생일 축하합니다~ 사랑하는 다식이의~~.

잘 먹겠습니다!

푸짐하게 차렸으니 많이들 먹으렴.

정말 **진수성찬**에 **산해진미**예요.

다식이가 너희랑 놀면서 유머가 아주 풍부해졌단다. 개그맨 뺨친다니까. 고마워!

다식이가

개그맨…

뺨친다고요?

맞는 말인데?

개그맨 뺨치기!

진수성찬 (보배 珍 + 바칠 羞 + 성할 盛 + 반찬 饌)
푸짐하게 잘 차려진 음식.

'귀하고 맛 좋은 음식으로 한 상 잘 차린 것'을 말해요. '진수'는 '맛이 좋은 음식'이란 뜻이고, '성찬'은 '잘 차린 음식'이에요. 두 말이 합쳐져 생겼어요.

"살아생전 그런 진수성찬은 처음 먹어 봤어."

산해진미 (뫼 山 + 바다 海 + 보배 珍 + 맛 味)
산과 바다에서 난 진귀한 산물로 잘 차린, 맛이 좋은 음식.

비슷한 사자성어 ▶ 고량진미(膏粱珍味)

산과 바다, 즉 '이 세상에 있는 온갖 진귀한 재료로 만들어 차린 값진 음식'을 뜻해요. '산진해미', '수륙진찬', '해륙진미', '고량진미' 등 비슷한 말이 많아요. 이 중 '고량진미'는 '살찐 고기와 좋은 곡식으로 만든 음식'이란 뜻으로, 간혹 자기 혼자만 누리는 부귀 생활을 비판하는 말로 쓰이기도 해요.

"온갖 산해진미가 가득 놓여 있는데도 입맛이 없더라."

사자성어 퀴즈 32

무릉 ☐☐

(굳셀 武 + 큰 언덕 陵 + 복숭아나무 桃 + 근원 源)

**'복숭아나무가 있는 언덕'이란 뜻으로,
'이상향', '별천지'를 비유적으로 이르는 말.**

   중국의 대표 시인 중 한 사람인 도연명이 쓴 《도화원기》에서 나온 말이에요. 중국 무릉에 살고 있던 어부가 복숭아꽃이 핀 숲을 지나서 지상낙원 같은 곳을 경험했는데, 훗날 다시 가 보려 하니 없었다고 해요. 그때부터 사람들이 마음속으로 그리워하는 곳을 '무릉도원'이라 불렀답니다.

비슷한 사자성어 ▶ 도원경(桃源境)

"허허, 공기 좋고 경치 좋은 여기가 바로 무릉도원이 아니겠는가."

포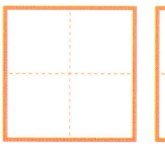

(안을 抱 + 배 腹 + 끊을 絕 + 넘어질 倒)

배를 그러안고 넘어질 정도로 몹시 웃음.

원래 이 말은 '배를 안고 넘어지다'란 뜻으로, 너무 웃겨서 배를 잡고 데굴데굴 구르며 웃는 상황을 표현한 것이랍니다. 웃음이 터져서 도저히 못 배길 때 이런 상황이 연출되지요. 도대체 얼마나 재미있으면 자지러지게 웃을 수 있을까요?

비슷한 사자성어 ▶ 봉복절도(捧腹絕倒)

"개그맨이 말할 때마다 관객들이 포복절도했어."

무위도식 (없을 無 + 할 爲 + 헛될 徒 + 먹을 食)

하는 일 없이 빈둥빈둥 놀고먹기만 함.

비슷한 사자성어 ▶ 낭유도식(浪遊徒食)

종종 아무 일도 하지 않고 놀고먹기를 꿈꾸는 사람들이 있어요. 하지만 정말 그런 날이 오면 지루하고 재미없어서 얼마 견디지 못할 거예요. 살아가면서 뭔가를 생산해 내는 일은 무척 중요하답니다. 비슷한 말로는 '하는 일 없이 헛되이 놀고먹음'을 뜻하는 '낭유도식'이 있어요.

"너는 **무위도식**의 생활을 언제 접을래?"

희희낙락 (기쁠 喜 + 기쁠 喜 + 즐길 樂 + 즐길 樂)

매우 기뻐하고 즐거워함.

얼마나 기쁘고 즐거우면 같은 한자를 두 번씩 겹쳐 썼을까요? 그만큼 기쁘고 즐거운 느낌을 강조하는 거예요. 말 자체에서도 신나게 웃고 떠드는 느낌이 들지 않나요? 이 말을 '희희낙낙'으로 잘못 쓰는 일이 있는데, 바른 표기는 '희희낙락'이에요.

"무슨 재밌는 일이 있는지 저희끼리 **희희낙락**거리더라."

(날 生 + 늙을 老 + 병들 病 + 죽을 死)

사람이 반드시 겪어야 하는, 태어나고 늙고 병들고 죽는 네 가지 큰 고통을 이르는 말.

불교에서는 인간이 반드시 겪어야 할 고통이 네 가지가 있다고 했어요. 그게 바로 삶과 늙음, 병과 죽음이지요. 이는 곧 우리의 삶 전체를 가리키는 말이기도 해요. 이 중 '생'이 왜 고통이냐고 궁금해할 수 있는데, 태어나는 자체가 고통의 시작이기 때문에 포함되는 거랍니다.

"언젠가 생로병사의 비밀을 꼭 풀고 말겠어!"

사자성어 끝말잇기

인생의 맛

산 — 자 — 수 — 명

(뫼 山 + 자줏빛 紫 + 물 水 + 밝을 明)

😀 풀이 '산은 자줏빛이고, 물은 맑다'는 뜻으로, 경치가 아름다움을 이르는 말.

명 — 실 — 상 — 부

(이름 名 + 열매 實 + 서로 相 + 부신 符)

😀 풀이 이름과 실상이 딱 맞아떨어짐.

부 — 귀 — 영 — 화

(부유할 富 + 귀할 貴 + 꽃 榮 + 빛날 華)

😀 풀이 재산이 많고 지위가 높으며 귀하게 되어서, 세상의 온갖 영광을 누림.

두문불출 (막을 杜 + 문 門 + 아닐 不 + 날 出)
밖에 나가지 않고 집 안에만 틀어박혀 있음을 이르는 말.

문을 걸고 나가지 않는다는 뜻이에요. 밖에 나가야 사람들을 만나고 세상 돌아가는 일을 알 수 있어요. 하지만 이 말은 그런 걸 전혀 하지 않는 거예요. 옛날에는 고향에 머물면서 관직에 나가지 않고 은둔하는 선비의 모습을 이렇게 표현했어요.

"두문불출하지 말고 밖에 나가서 친구도 만나고 그래."

위풍당당 (위엄 威 + 바람 風 + 집 堂 + 집 堂)
풍채나 기세가 위엄 있고 떳떳함.

말 자체에서 가슴을 쫙 펴고 씩씩하게 걷는 모습이 연상되지 않나요? 모습이나 크기가 남을 압도할 수준으로 기세등등할 때 써요. 몸집이 작아도 위풍당당할 수 있어요. 문제는 자신감이 있느냐 없느냐에 달려 있답니다.

"항상 위풍당당하게 자신감을 가지고 살아."

영이의 실체

천방지축 (하늘 天 + 모 方 + 땅 地 + 굴대 軸)

못난 사람이 종잡을 수 없이 덤벙대는 일이나 너무 급해 허둥지둥하는 모양을 이르는 말.

비슷한 사자성어 ▶ 천방지방(天方地方)

한자만 보면 '하늘 방향이 어디이고, 땅의 축이 어디인지 모른다'는 뜻이에요. 너무 바빠서 두서없이 행동하는 사람이나, 이리저리 덤벙대며 뛰어다니는 모양새를 가리킬 때 써요. 정신없이 돌아다니는 어린아이들을 향해 쓰기도 하지요.

"**천방지축** 날뛰지 말고 제발 가만히 있어."

삼척동자 (석 三 + 자 尺 + 아이 童 + 아들 子)

키가 아직 석 자밖에 되지 않는 어린아이. 철없는 어린아이.

1척(자)은 약 30센티미터로 삼 척이면 1미터가 채 안 돼요. 그래서 '삼척동자'는 5, 6세 정도의 어린아이들을 가리킬 때 쓰는 말이에요. 단순히 어린아이를 말하기도 하지만, 철이 없거나 무식한 사람을 비유적으로 표현할 때도 써요.

"휴대폰 사용을 적당히 하란 말은 **삼척동자**도 알겠다."

사자성어 퀴즈 35

백 ⬜

(흰 白 + 눈썹 眉)

**'흰 눈썹'이라는 뜻으로,
여럿 중에서 가장 뛰어난 사람이나 사물을 비유적으로 이르는 말.**

중국 촉나라 때 마씨 성의 재주가 좋은 다섯 형제가 있었어요. 그중 눈썹에 흰 털이 섞인 '마량'이 가장 훌륭한 데서 이 말이 유래됐어요. 같은 분야의 사람 중에 가장 뛰어난 사람을 가리키기도 하지만, 훌륭한 작품을 얘기할 때도 써요. 비슷한 말 '출류발군'도 '같은 무리 가운데에서 특별히 뛰어남'을 뜻해요.

비슷한 사자성어 출류발군(出類拔群)

"학예회의 백미는 단연 다 같이 부르는 합창이었다."

개 과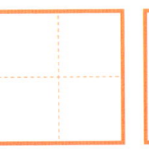

(고칠 改 + 지날 過 + 옮길 遷 + 착할 善)

지난날의 잘못을 고쳐 올바르고 착하게 변함.

자신의 잘못을 뉘우치고 사과하는 일이 쉽지는 않아요. 그런데 허물을 고쳐서 착한 사람으로 거듭나기까지 하다니, 대단하지요? 누군가 자신의 잘못을 고치려고 노력하는 모습을 보이면 아낌없이 용기를 북돋아 주세요.

비슷한 사자성어 개과자신(改過自新)

"제발 한 번만 제게 **개과천선**의 기회를 주세요."

독불장군 (홀로 獨 + 아닐 不 + 장수 將 + 군사 軍)
무슨 일이든 자기 혼자 처리하는 사람.

주로 일이나 결정을 혼자 해 버리는 사람에게 써요. 그만큼 다른 사람의 말을 안 듣기 때문에 '따돌림받는 외로운 사람'을 가리키기도 하지요. 따지고 보면 혼자서는 장군이 될 수 없어요. 밑에서 명령을 받드는 사람이 있어야 가능해요. 그래서 '다른 사람과 의논하고 협조해야 함' 자체를 뜻하기도 해요.

"그렇게 **독불장군**으로 굴더니 결국 혼자 남았네."

청출어람 (푸를 靑 + 날 出 + 어조사 於 + 쪽 藍)
'쪽에서 뽑은 푸른 물감이 쪽보다 더 푸르다'는 뜻으로, 제자가 스승보다 나음을 비유적으로 이르는 말.

비슷한 사자성어 ▶ 출람(出藍)

옛날에는 '쪽'이란 마디풀과의 풀잎을 이용해 옷감을 염색했어요. 쪽을 찧어 물에 담가 놓으면 푸른 물이 나오는데, 본래의 빛깔보다 더 진했답니다. 여기에서 나온 말이 '청출어람'으로, 스승에게 학문을 배운 제자의 실력이 스승을 훨씬 뛰어넘을 때를 가리키게 되었어요.

"**청출어람**이라더니, 네가 선생님보다 더 훌륭한 업적을 달성했구나."

 이런 **뜻**이 있어요

 개성의 맛

다재다능 (많을 多 + 재주 才 + 많을 多 + 능할 能)
재주와 능력이 여러 가지로 많음.

비슷한 사자성어 팔방미인(八方美人)

여러 가지 재주와 능력이 있는 사람을 보면 대단하다 싶기도 하고 부럽기도 하고 그래요. 다 잘하면 좋지만 잘하지 못하더라도 기죽지 말아요. 잘 살펴보면 우리에게는 저마다 잘하는 재주가 한 가지씩 있답니다. 비슷한 말 '팔방미인'은 '여러 방면에 능통한 사람'이란 뜻이에요.

 **어맛! 한마디**
"그는 여러 방면으로 다재다능한 사람이야."

안하무인 (눈 眼 + 아래 下 + 없을 無 + 사람 人)
'눈 아래에 보이는 사람이 없다'는 뜻으로, 교만하고 방자하여 다른 사람을 업신여김을 이르는 말.

비슷한 사자성어 방약무인(傍若無人)

요즘 소위 '갑질'이라는 걸 하는 사람들이 딱 여기에 해당해요. 건방지게 행동하거나 무례한 사람을 보면 떠오르는 말이에요. 비슷한 말 '방약무인'은 '곁에 사람이 없는 것처럼 거리낌이 없이 말하고 함부로 행동하는 태도'를 말해요.

 **어맛! 한마디**
"하루아침에 부자가 되더니, 안하무인이 따로 없네."

척하면 착! 사자성어 퀴즈 37

철 □ 철 □

(통할 徹 + 머리 頭 + 통할 徹 + 꼬리 尾)

처음부터 끝까지 철저하고 빈틈없게.

한자를 보면 '머리부터 발끝까지 통하지 않는 데가 없다'는 뜻이에요. 이는 곧 어떤 일의 처음부터 끝까지 하나도 빼놓지 않고 샅샅이 살피는 태도나 행동을 말해요. 이 과정에서 타협하거나 흐지부지하지 않고, 일관성 있게 끝까지 해 나간답니다.

비슷한 사자성어 철상철하(徹上徹下)

어맛! 한마디 "우리 엄마는 얼마나 철두철미한지 몰라."

각 □ 각 □

(각각 各 + 모양 樣 + 각각 各 + 빛 色)

각기 다른 여러 가지 모양의 빛깔.

사람들을 살펴보면 저마다 성격도 생김새도 달라요. 그걸 '개성'이라고 하지요. 사람뿐 아니라 사물도 마찬가지예요. 세상은 다양한 모양과 색깔들로 가득하답니다. 비슷한 말로 '종종색색', '형형색색' 등이 있어요.

비슷한 사자성어 형형색색(形形色色), 종종색색(種種色色)

"운동장에 **각양각색**의 만국기가 나부끼고 있었다."

외유내강 (바깥 外 + 부드러울 柔 + 안 內 + 굳셀 剛)
겉으로는 부드럽고 순하게 보이나 속은 곧고 굳셈.

반대되는 사자성어 ▶ 외강내유(外剛內柔)

겉은 한없이 인자하고 부드러워 보이지만, 속마음이 강하고 의지가 굳은 사람들이 있어요. 이들은 주변의 회유와 협박에도 굴하지 않고 묵묵히 자기 할 일을 해 나가지요. 마치 일제 강점기의 독립운동가들처럼요. 반대말에는 '겉은 강하나 속은 부드러움'의 '외강내유'가 있어요.

"우리 할머니는 외유내강하신 분이야."

명불허전 (이름 名 + 아닐 不 + 빌 虛 + 전할 傳)
'이름이나 명예가 헛되이 퍼진 것이 아니다'의 뜻으로, 이름날 만한 까닭이 있음을 이르는 말.

비슷한 사자성어 ▶ 명불허득(名不虛得)

유명해지는 데는 다 그만한 이유가 있어요. 특히 명성이 높은 사람들은 그만큼 실력이 좋고 훌륭한 일을 해냈다는 뜻이에요. 왜냐하면 명성은 하늘에서 뚝 떨어지는 게 아니니까요. 꾸준한 노력의 대가랍니다.

"역시 금메달리스트는 다르네요. 명불허전입니다."

사자성어 퀴즈 39

선 □ □ 명

(먼저 先 + 볼 見 + 어조사 之 + 밝을 明)

다가올 일을 미리 짐작할 줄 아는 밝은 지혜.

앞을 미리 내다보고 대비할 줄 아는 사람들은 특별한 눈을 가지고 있는 게 아닙니다. 지난 경험과 여러 가지 정보를 잘 살펴서 나름의 예측을 하는 것이지요. 지혜로운 사람은 무슨 일이든 허투루 넘기지 않아요. 항상 여러 가지 자료와 상황을 늘 살펴본답니다.

"너의 선견지명으로 내가 목숨을 부지할 수 있었다."

일 ㅈ ㅁ 식

(하나 一 + 글자 字 + 없을 無 + 알 識)

풀이
① 글자를 한 글자도 모를 정도로 무식함. 또는 그런 사람.
② 어떤 분야에 관해 아는 바가 하나도 없음을 비유적으로 이르는 말.

식 ㅈ ㅇ 환

(알 識 + 글자 字 + 근심 憂 + 근심 患)

풀이 학식이 있는 것이 오히려 근심을 사게 됨.

환 ㄱ ㅌ 태

(바꿀 換 + 뼈 骨 + 빼앗을 奪 + 아이 밸 胎)

풀이
① '뼈대를 바꾸고 태를 바꾸어 쓴다'는 뜻으로, 고인의 시문을 형식을 바꾸어 먼젓 것보다 더 잘되게 함을 이르는 말.
② 낡은 제도나 관습 따위를 고쳐 모습이나 상태가 새롭게 바뀐 것.
③ 용모가 이전과 비교해 매우 새롭고 아름다워짐.

호시탐탐 (범 虎 + 볼 視 + 노려볼 眈 + 노려볼 眈)

'범이 눈을 부릅뜨고 먹이를 노려본다'는 뜻으로, 남의 것을 빼앗기 위해 형세를 살피며 기회를 엿봄. 또는 그런 모양.

호랑이는 몸길이가 2미터 정도이며, 힘이 세고 매우 날렵해요. 또 날카로운 눈빛에 포효하는 소리도 커서 다들 무서워해요. 그런 호랑이가 먹잇감을 노리면서 숨죽이고 지켜보고 있다니, 간담이 서늘하지요? 긴박한 상황에서 원하는 걸 얻으려 눈을 빛내고 있는 모습이 그려져요.

"전부터 호시탐탐 빼앗을 기회를 엿보고 있다."

학수고대 (학 鶴 + 머리 首 + 괴로울 苦 + 기다릴 待)

학의 목처럼 목을 길게 빼고 간절히 기다림.

학은 두루밋과의 새로, 몸길이가 약 1.4미터가량 돼요. 목과 다리가 길고, 수명도 긴 동물이라 옛날부터 '장수'를 상징했어요. 가뜩이나 목이 긴 동물인데, 목을 더 길게 빼고 무언가를 괴로울 정도로 기다리고 있다니, 그 간절함이 느껴지지 않나요?

"그 배우가 한국에 오기를 학수고대 기다렸어."

화룡점정 (그림 畫 + 용 龍 + 점찍을 點 + 눈동자 睛)

용 그림에서 눈동자를 그려 넣었더니, 용이 실제로 날아갔다는 고사에서 유래된 말로, 무슨 일을 하는 데에 가장 중요한 부분을 완성함을 이르는 말.

비슷한 사자성어 ▶ 점정(點睛)

중국 양나라의 어느 절에 화공이 용 두 마리를 그렸는데, 눈동자가 없었어요. 사람들이 까닭을 묻자, 화공은 "눈동자를 그리면 용이 날아가 버리기 때문이지요."라고 했어요. 과연 화공이 그중 한 마리에 눈동자를 그려 넣자, 진짜 용이 되어 하늘로 날아갔어요. 일의 중요한 부분을 마무리해 완성하는 것이나 일 자체가 돋보임을 비유할 때 이 말을 써요.

"비빔밥에 참기름 한 방울! 화룡점정이지요."

용두사미 (용 龍 + 머리 頭 + 뱀 蛇 + 꼬리 尾)

'용의 머리와 뱀의 꼬리'라는 뜻으로, 처음은 왕성하나 끝이 부진한 형상을 이르는 말.

'용'은 상상 속 동물이에요. 거대한 뱀과 같은 비늘 덮인 몸에 네 개의 발을 가지고, 뿔은 사슴, 귀는 소에 가까운 모습이라고 해요. 예부터 신성한 동물의 상징으로 여겼어요. 이런 용에 비하면 뱀은 몸도 작고 초라해요. 어떤 일에서 시작은 멋지나 그 끝이 어설프게 진행되는 걸 비유적으로 표현할 때 쓰는 말이에요.

"영화 초반에는 재미있었는데 끝이 좀…, 용두사미였네."

사자성어 퀴즈 ④

토 사 ☐ ☐

(토끼 兎 + 죽을 死 + 개 狗 + 삶을 烹)

'토끼가 죽으면 사냥개도 주인에게 삶아 먹힌다'는 뜻으로, 필요할 때는 쓰고 필요 없을 때는 야박하게 버리는 경우를 이르는 말.

사냥개가 앞장서서 토끼를 잡았는데, 토끼뿐만 아니라 사냥개조차도 쓸모가 없어졌다고 삶아 먹는다니, 얼마나 매정한 주인인가요? 사냥개로서는 죽는 순간까지도 억울하고 황당했을 거예요. '달면 삼키고 쓰면 뱉는다'의 '감탄고토'와 통하는 사자성어로, 비정한 인간 세상을 꼬집는 말이에요.

비슷한 사자성어 ▶ 감탄고토(甘呑苦吐)

"이방원은 개국 공신 정도전을 **토사구팽**한 거나 다름없어."

군 계 ☐ ☐

(무리 群 + 닭 鷄 + 하나 一 + 학 鶴)

'닭의 무리 가운데 있는 한 마리의 학'이란 뜻으로, 많은 사람 가운데서 뛰어난 인물을 이르는 말.

  닭은 머리에 볏이 있고 키가 작은 데다 날개가 퇴화하여 잘 날지 못해요. 그런 닭과 비교해 학은 온몸이 흰색에 긴 머리와 다리, 넓은 날개를 펼쳐 하늘을 훨훨 나는 모습까지도 고귀하다는 찬사를 듣지요. 닭의 무리 가운데 학이 한 마리가 있다면, 당연히 돋보이지 않을까요?

비슷한 사자성어 ▶ 계군고학(鷄群孤鶴)

 "저들 중 가장 빛나는 **군계일학**이 바로 내 남자 친구야."

145

견원지간 (개 犬 + 원숭이 猿 + 어조사 之 + 사이 間)

'개와 원숭이 사이'라는 뜻으로, 사이가 매우 나쁜 두 관계를 비유적으로 이르는 말.

비슷한 사자성어 ▶ 견묘지간(犬猫之間)

중국 명나라 때 소설 《서유기》에서 재주만 믿고 나쁜 짓을 일삼는 손오공을 잡기 위해 개를 풀어 놓은 데서 유래된 말이에요. 재주를 부리며 덜렁거리는 원숭이와 듬직하고 용맹한 개와는 상극일 수밖에 없어요. 비슷한 말로 '사이가 좋지 않은 개와 고양이'를 가리키는 '견묘지간'이 있어요.

"우리 남매는 **견원지간**이라 눈만 마주치면 싸우지."

교각살우 (바로잡을 矯 + 뿔 角 + 죽일 殺 + 소 牛)

'소의 뿔을 바로잡으려다가 소를 죽인다'는 뜻으로, 잘못된 점을 고치려다가 그 방법이나 정도가 지나쳐 오히려 그르침을 이르는 말.

비슷한 사자성어 ▶ 소탐대실(小貪大失)

옛날에 중국에서는 뿔이 곧고 잘생긴 소를 제사에 쓰는 풍습이 있었어요. 한 농부가 소뿔이 비뚤어져 있는 걸 보고 똑바로 만들려다가, 뿔이 뿌리째 뽑혀 소를 죽인 데서 유래했어요. '작은 것을 탐하려다 큰 것을 잃음'의 '소탐대실'과도 뜻이 통해요.

"섣불리 건드렸다가 **교각살우**의 우를 범할 수 있으니, 신중해."

147

오합지졸의 힘

저 **오합지졸**한테 피구를 지다니.

우리가 그동안 연습을 엄청나게 했거든.

정신 차려!

까마귀도 뭉치면 무서운 법이라고.

마요, 수고 많았어.

난 널 **주마가편**한 것밖에 없어. 이게 다 실력 좋은 네 덕분이지.

쳇! 자기들 덕분에 시합에서 이겼다고 하는 거네 뭐.

뭐냐, 저 훈훈한 분위기는?

큭, 눈치챘어?

오합지졸 (까마귀 烏 + 합할 合 + 어조사 之 + 마칠 卒)

'까마귀가 모인 것처럼 질서 없이 모인 병졸'이란 뜻으로, 질서 없이 어중이떠중이가 모인 군중을 가리키는 말.

비슷한 사자성어 ▶ 오합지중(烏合之衆)

까마귀가 잔뜩 모여 있는 들판을 본 적 있나요? 규칙 없이 모여서 먹이를 찾는 데에만 급급하지요. 적과 생사를 놓고 싸우는 전쟁터에서는 군대의 규율과 질서, 훈련이 중요해요. 그런 것 없이 마구잡이로 모아 놓은 사람들을 데리고는 싸움에서 이길 수 없어요.

"걱정하지 마. 상대는 실력 없는 **오합지졸**이거든."

주마가편 (달릴 走 + 말 馬 + 더할 加 + 채찍 鞭)

'달리는 말에 채찍질한다'는 뜻으로, 잘하는 사람을 더욱 잘하도록 격려함을 이르는 말.

말은 온순하고 잘 달려요. 경주마의 경우 시속 70킬로미터 안팎으로 달릴 수 있는데, 기수가 말의 엉덩이 근육에 채찍을 가하며 속도를 더욱 내도록 자극하지요. '주마가편'은 잘하는 사람이 더욱 분발하도록 다그치거나 목표에 잘 다다를 수 있게 힘을 북돋아 주는 걸 말해요.

"**주마가편**하는 심정으로 일을 더 해낼 수 있게 격려하자."

사자성어 퀴즈 42

지⬜위⬜

(가리킬 指 + 사슴 鹿 + 할 爲 + 말 馬)

윗사람을 농락하여 권세를 마음대로 함을 이르는 말.

  중국 진나라 때 환관 조고가 자신의 권세를 시험해 보고자 황제에게 사슴을 바치며 "말입니다."라고 했어요. 주변 신하들도 조고의 눈치를 보며 말이라고 하자, 황제는 충격을 받고 정사에서 손을 뗐어요. 이 말은 윗사람을 자기 마음대로 주무르며 권력을 휘두른다는 뜻이지만, '억지를 써서 상대를 궁지로 몰아넣는다'의 뜻도 있어요.

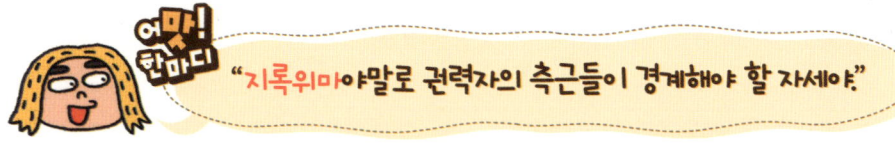

"지록위마야말로 권력자의 측근들이 경계해야 할 자세야."

  사자성어퀴즈 ㊸

화 □ 첨 □

(그림 畫 + 뱀 蛇 + 더할 添 + 발 足)

뱀한테 발이 있다니, 말이 돼?

억울해. 우린 발이 있다고!

발 달린 도마뱀 희귀종 등장!

'뱀을 다 그리고 나서 발을 그려 넣는다'는 뜻으로, 쓸데없는 군더더기를 붙여 도리어 잘못되게 함을 이르는 말.

줄여서 '사족'으로 더 많이 써요. 하지 않아도 될 일을 더 하여 작품이나 일을 망친다는 뜻이에요. 옛날에 뱀 그림을 먼저 그린 사람이 술을 마시자는 내기를 했어요. 제일 먼저 완성하고 시간이 남아 발까지 그려 넣은 사람이 술을 마시려 하자, 옆 사람이 "뱀은 본래 발이 없으니 이 그림 속 뱀은 뱀이 아니다."라고 하며 술잔을 빼앗은 데서 유래했어요.

비슷한 사자성어 사족(蛇足)

 "이 문장은 화사첨족처럼 느껴지는데?"

호가호위 (여우 狐 + 거짓 假 + 범 虎 + 위엄 威)

'여우가 호랑이의 위엄을 빌려 호기를 부린다'는 뜻으로, 남의 권세를 빌려 허세 부림을 나타내는 말.

꾀 많은 여우가 호랑이에게 자신은 옥황상제의 보호를 받는다며, 그 증거로 짐승들이 자신을 피할 거라고 해요. 과연 짐승들은 여우를 피해 달아났지만, 사실 여우 뒤의 호랑이가 무서워서 그런 거예요. 주로 아랫사람이 윗사람의 권위를 빌려 마치 자기가 힘이 있는 척하는 태도를 이르는 말이에요.

"사장의 힘을 등에 업고 호가호위하는 사람들이 있다."

연목구어 (인연 緣 + 나무 木 + 구할 求 + 물고기 魚)

'나무에 올라가서 물고기를 구한다'는 뜻으로, 불가능한 일을 하려 하거나 맞지 않는 방법을 쓰려 하는 것을 비유적으로 이르는 말.

비슷한 사자성어 ▶ 상산구어(上山求魚)

나무에 올라가 물고기를 구하려 함은 얼토당토않은 일이에요. 중국의 사상가 맹자는 제나라의 임금 선왕에게 무력이나 술수로 천하를 통일하는 것은 나무에 올라가 물고기를 찾는 격이라 했어요. 불가능한 일을 맞지 않는 방법을 써서 망치는 것보다 인과 예로써 정치를 하라고 조언했지요.

"경기 침체에 소비 심리가 좋아지길 바라는 건 연목구어나 마찬가지다."

반 포 ☐ ☐

(돌이킬 反 + 먹을 哺 + 어조사 之 + 효도 孝)

'까마귀 새끼가 자라서 늙은 어미에게 먹이를 물어다 주는 효'라는 뜻으로, 자식이 자란 후에 어버이의 은혜를 갚는 효성을 이르는 말.

까마귀는 새끼가 알에서 깨면 60일간 먹이를 물어다 주는데, 자라난 까마귀가 다시 60일간 어미에게 먹이를 물어다 준다고 해요. 이를 순우리말로는 '안갚음'이라 해요. '자식의 효심'을 말하지요. 비슷한 말로 '반의지희'가 있는데, 늙은 자식이 부모를 위해 색동저고리를 입고 아기처럼 기어 다녔다는 데서 유래했어요. 참고로 '앙갚음'은 '보복'을 뜻하니, 잘 구별해 쓰세요.

비슷한 사자성어 ▶ 반의지희(斑衣之戱)

"심청이가 인당수에 몸을 던진 일이 정말 반포지효일까?"

우 — 도 — 할 — 계

(소 牛 + 칼 刀 + 나눌 割 + 닭 鷄)

😀 **풀이**

① '소 잡는 칼로 닭을 잡는다'는 뜻으로, 작은 일에 어울리지 않게 큰 도구를 씀을 이르는 말.

② 지나치게 과장된 표현이나 몸짓 따위를 비유적으로 이르는 말.

냐옹~
(심하다옹.)

계 — 명 — 구 — 도

(닭 鷄 + 울 鳴 + 개 狗 + 도둑 盜)

😀 **풀이** '닭 울음소리를 내고 개처럼 들어가 도둑질하다'란 뜻으로, 비굴하게 남을 속이는 하찮은 재주 또는 그런 재주를 가진 사람을 이르는 말.

도 — 소 — 지 — 양

(죽일 屠 + 바 所 + 어조사 之 + 양 羊)

😀 **풀이** '도살장에 끌려가는 양'이란 뜻으로, 죽음이 눈앞에 닥쳐온 사람을 비유적으로 이르는 말.

죽마고우 (대나무 竹 + 말 馬 + 옛 故 + 벗 友)

'대나무 말을 타고 놀던 옛 벗'이란 뜻으로, 어릴 때 같이 놀며 자란 벗을 이르는 말.

비슷한 사자성어 ▶ 죽마지우(竹馬之友), 십년지기(十年知己)

옛날에는 아이들이 대나무를 다리 사이에 끼고 "이랴!" 하면서 마치 말을 타는 것처럼 놀았대요. '죽마고우'는 거기에서 유래된 말로 어린 시절 함께 놀던 옛 친구를 가리켜요. 비슷한 말로는 '죽마지우'나 '십년지기' 등이 있어요.

"나는 겸이와 죽마고우로 아주 절친한 사이야."

유유상종 (무리 類 + 무리 類 + 서로 相 + 좇을 從)

같은 무리끼리 서로 사귐.

사람들은 비슷한 형편끼리 잘 모여요. 처지가 비슷하면 말이 통하고 서로에 관한 입장도 잘 이해하지요. 그런데 이 말이 좋은 뜻으로 쓰이지 않고, 마치 상대 무리를 질투하거나 비꼬는 의도로 쓰일 때가 있어요. 속담 '초록은 동색', '가재는 게 편'과도 뜻이 통해요.

"유유상종이라더니 실력이 고만고만한 애들끼리 뭉쳤군."

질풍노도 (병 疾 + 바람 風 + 성낼 怒 + 큰 물결 濤)
몹시 빠르게 부는 바람과 무섭게 소용돌이치는 큰 물결.

아이에서 어른으로 넘어가는 청소년기에는 감정 변화가 심하고 불만이 많아서 반항도 서슴지 않아요. 그때의 과격한 감정과 행동을 표현하는 말이 바로 '질풍노도'예요. 여기에서 한자 '질(疾)'은 '병'이란 뜻 말고 '빠르다'의 뜻으로 보는 게 자연스러워요. 말 그대로 몹시 빠른 바람과 성난 파도처럼 불안하다는 이야기지요.

"엄마, 나 **질풍노도**의 시기니까 건드리지 마요."

자초지종 (스스로 自 + 처음 初 + 이를 至 + 마칠 終)
처음부터 끝까지의 과정.

비슷한 사자성어 ▶ 자두지미(自頭至尾), 전후시말(前後始末)

어떤 사건을 설명하고자 할 때는 시작부터 차근차근 말해야 해요. 중간이나 끝부터 말하면 설명이 제대로 되지 않아요. 이 말은 벌어진 일을 설명하거나 해명해야 할 때 자주 써요. 비슷한 말로는 '앞과 뒤, 시작과 끝'이란 뜻의 '전후시말', '머리부터 꼬리까지'의 뜻을 가진 '자두지미'가 있어요.

"그때 왜 그랬는지 **자초지종**을 얘기해 봐."

 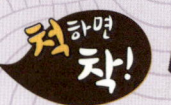

사자성어 퀴즈 ㊺

☐ 비 무 ☐

(있을 有 + 갖출 備 + 없을 無 + 근심 患)

미리 준비가 되어 있으면 걱정할 것이 없음을 이르는 말.

중국 진나라 사마위강이 자신의 군주인 도강에게 나라가 편안할 때 위기가 닥쳐올 것을 미리 대비해야 한다고 간언한 데서 나온 말이에요. 준비의 필요성을 잘 나타내고 있어요. 비슷한 말로 '교활한 토끼는 세 개의 숨을 굴을 파 놓는다'의 '교토삼굴'이 있어요.

비슷한 사자성어 ▶ 교토삼굴(狡兔三窟)

"유비무환이야말로 군인이 가져야 할 자세이지."

일□다□사

(해 日 + 항상 常 + 차 茶 + 밥 飯 + 일 事)

'차 마시고 밥 먹는 일'이라는 뜻으로, 날마다 있는 보통 일.

줄여서 '다반사', '항다반사'라고 많이 써요. 차를 마시거나 밥을 먹는 일은 특별하지 않아요. 매일매일 반복되는 흔한 일이지요. 누군가는 차 마시는 일이 특별하다고 할지도 몰라요. 하지만 요즘 어른들이 커피 마시는 걸 보면 날마다 있는 일이란 걸 실감할 거예요.

비슷한 사자성어 ▶ 다반사(茶飯事), 항다반사(恒茶飯事)

"맨날 늦잠을 자서 아침 굶는 건 일상다반사야."

이열치열 (써 以 + 더울 熱 + 다스릴 治 + 더울 熱)
'열은 열로써 다스림'이란 뜻으로, 열이 날 때 땀을 낸다든지 힘은 힘으로 물리친다는 따위를 이를 때 쓰는 말.

날이 더워 몸의 열이 밖으로 나가지 못할 때 더운 음식을 먹어 주면, 열이 땀과 함께 배출돼 몸이 시원해져요. 마치 삼복더위에 '삼계탕'을 먹어 주는 것과 비슷하지요. '이열치열'은 강한 것에는 강한 것으로, 힘에는 힘으로 맞서서 다스린다는 뜻으로, 같은 수단으로 대응해서 물리치는 거예요.

"**이열치열**이라고 엄마는 한여름에도 따뜻한 커피를 마셔."

청산유수 (푸를 靑 + 뫼 山 + 흐를 流 + 물 水)
'푸른 산에 흐르는 맑은 물'이라는 뜻으로, 말을 막힘없이 잘하는 것을 비유적으로 이르는 말.

비슷한 사자성어 청산우수(靑山雨水)

말을 잘하는 사람에게 칭찬 또는 부러움처럼 따라붙는 말이 바로 '청산유수'예요. 푸른 산속에 흐르는 맑은 물줄기처럼 거침없으면서도 깔끔하게 말하는 거예요. 말을 능숙하게 좔좔 하는 사람을 '달변가'라고 해요. 이들은 말로 설득을 매우 잘한답니다.

"너의 **청산유수** 같은 말솜씨를 누가 당하랴."

동고동락 (같을 同 + 괴로울 苦 + 같을 同 + 즐길 樂)

'같이 고생하고 같이 즐긴다'는 뜻으로, 괴로움도 즐거움도 함께함을 이르는 말.

기쁨은 나누면 배로 즐겁고, 슬픔은 나누면 반이 된다는 말이 있어요. 이 말은 살아가면서 겪는 고생, 즐거움이나 기쁨의 순간까지도 가족이나 주변 사람들과 더불어 나눈다는 의미예요. 함께한 만큼 서로에게 더욱 소중한 존재가 되는 것이지요.

"우리는 기쁠 때나 슬플 때나 **동고동락**하기로 맹세했어."

결초보은 (맺을 結 + 풀 草 + 갚을 報 + 은혜 恩)

'풀을 묶어서 은혜를 갚다'의 뜻으로, 죽은 뒤에라도 은혜를 잊지 않고 갚음을 이르는 말.

비슷한 사자성어 ▶ 각골난망(刻骨難忘)

중국 춘추 시대 때 위과는 아버지가 돌아가신 뒤 새어머니를 좋은 곳으로 시집보냈어요. 얼마 뒤 위과가 전쟁에 나갔을 때 새어머니의 친정아버지 혼령이 나타나 풀을 묶어 적군이 탄 말을 넘어뜨렸고, 이 일로 위과는 공을 세우게 됐어요. 죽어서라도 은혜를 갚는다는 뜻으로, 비슷한 말에는 '남에게 입은 은혜가 뼈에 새길 만큼 커서 잊지 않음'을 뜻하는 '각골난망'이 있어요.

"이 은혜 절대 잊지 않고 언젠가 **결초보은**하겠습니다."

천 고 ☐ ☐

(하늘 天 + 높을 高 + 말 馬 + 살찔 肥)

'하늘이 높고 말이 살찐다'는 뜻으로, 하늘이 맑아 높푸르게 보이고 온갖 곡식이 익어 풍요로운 가을철을 이르는 말.

가을은 하늘이 높고 푸르며, 땅에는 곡식이 여물어 먹을거리가 풍부해요. '천고마비'는 가을이 날씨뿐만 아니라 생활하기 좋은 계절임을 알려 주는 말이에요. 원래는 중국 북방의 유목 민족인 흉노족이 가을철마다 국경의 농작물을 약탈해 간 데서, '하늘이 높고 말이 살찌는 계절을 경계하라'는 의미로 쓰였다고 해요.

비슷한 사자성어 ▸ 추고마비(秋高馬肥)

"바야흐로 **천고마비**의 계절이 돌아왔도다."

결 자 ☐ ☐

(맺을 結 + 사람 者 + 풀 解 + 어조사 之)

**'매듭은 묶은 사람이 풀어야 한다'는 뜻으로,
일을 저지른 사람이 문제를 해결해야 함을 이르는 말.**

자신이 벌인 일에 관해서는 다른 사람이 아닌, 스스로가 해결해야 한다는 말이에요. 자신이 저질러 놓고 남에게 넘기거나 수습하지 못하면 책임감 없는 사람이 돼요. 매듭은 만든 사람이 제일 잘 푼다는 사실, 잊지 마세요.

"이 일은 제가 시작했으니, 결자해지하게 해 주세요."

자수성가 (스스로 自 + 손 手 + 이룰 成 + 집 家)
물려받은 재산이 없이 자기 힘으로 벌어 살림을 이루고 재산을 모음.

비슷한 사자성어 ▶ 자성일가(自成一家)

부모나 남의 도움 없이 혼자 힘으로 집안을 일으키거나 큰 성과를 만들어 내는 거예요. 온갖 어려움을 극복하고 엄청나게 노력한 결과로 얻은 성공이지요. 속담 중에서 '개천에서 용 난다'가 비슷한 뜻이에요.

"우리 할머니는 자수성가해서 큰돈을 버셨어."

야반도주 (밤 夜 + 반 半 + 달아날 逃 + 달릴 走)
남의 눈을 피해 한밤중에 도망함을 이르는 말.

비슷한 사자성어 ▶ 야간도주(夜間逃走)

'야반'은 '한밤중'을 뜻하는 한자어예요. 옳지 못한 일을 저질러서 몸을 숨겨야 하거나 어떤 일에 쫓겨 깜깜한 어둠을 틈타 도망갈 때 '야반도주'라고 해요. '야밤도주'로 잘못 쓰는 일이 있는데, 이는 '밤 야(夜)'와 순우리말 '밤'이 합쳐진 말로, 한자로만 이루어진 사자성어가 될 수 없어요.

"옆집 아저씨가 빚쟁이한테 쫓기다가 야반도주했대."

사자성어 퀴즈 49

타 □ 지 □

(다를 他 + 뫼 山 + 어조사 之 + 돌 石)

'남의 산의 돌'이라는 뜻으로, 다른 사람의 하찮은 행동이나 실패라도 자신을 수양하는 데 도움이 됨을 이르는 말.

다른 산에 있는 그저 그런 돌이더라도 내 돌을 다듬는 용도로 쓸 수 있어요. 다른 사람의 실패나 작은 행동이 자신의 실력을 다듬는 데 도움이 된다는 뜻이에요. 비슷한 말 '반면교사'는 '다른 사람이나 사물의 안 좋은 측면을 바탕으로 가르침을 얻다'의 뜻이에요.

비슷한 사자성어 ▶ 반면교사(反面教師)

"지난 일들을 타산지석으로 삼아서 더 인기 있는 내가 되어야겠어."

유 ─ 명 ─ 무 ─ 실

(있을 有 + 이름 名 + 없을 無 + 열매 實)

😀 풀이   이름만 그럴듯하고 실속이 없음을 이르는 말.

실 ─ 사 ─ 구 ─ 시

(열매 實 + 일 事 + 구할 求 + 옳을 是)

😀 풀이   사실을 토대로 진리를 탐구하는 일.

시 ─ 시 ─ 비 ─ 비

(옳을 是 + 옳을 是 + 아닐 非 + 아닐 非)

😀 풀이   옳은 것은 옳다 하고 그른 것은 그르다 함.

 이런 뜻이 있어요

 옛이야기의 맛

삼고초려 (석 三 + 돌아볼 顧 + 풀 草 + 농막 廬)

'초가집을 세 번 방문한다'는 뜻으로, 인재를 맞아들이기 위해 참을성 있게 노력함을 이르는 말.

비슷한 사자성어 ▶ 초려삼고(草廬三顧)

중국 삼국 시대, 촉한의 유비는 지략가가 필요했어요. 와룡 선생이라 불리는 제갈량을 만나러 그의 초가집에 찾아갔지만, 갈 때마다 엇갈려 세 번째에나 만날 수 있었어요. 제갈량은 자신을 위해 고생을 마다하지 않은 유비에게 감동하여 유비의 사람이 되었어요. 뛰어난 인재를 맞이하려면 인내하며 노력해야 한다는 걸 알려 주는 말이에요.

 어맛! 한마디

"좋은 인재를 얻기 위해서는 삼고초려도 마다하지 말아야지."

읍참마속 (울 泣 + 벨 斬 + 말 馬 + 일어날 謖)

'울면서 마속의 목을 벤다'는 뜻으로, 큰 목적을 이루기 위해 사사로운 감정을 버리고 자기가 아끼는 사람마저 버림을 이르는 말.

제갈량이 아끼는 젊은 장수 마속은 위나라와의 전투에서 식량을 옮기는 가정 지역을 책임지고 방어하겠다고 했어요. 제갈량이 선뜻 허락하지 않자 실패하면 목숨을 내놓겠다고 다짐하고는, 자신의 판단으로 싸우다가 대패했어요. 제갈량은 군율의 엄격함을 알려야 했기 때문에 눈물을 흘리며 마속의 목을 벨 수밖에 없었어요.

어맛! 한마디

"안타깝지만 읍참마속의 마음으로 기강을 바로잡으려고 합니다."

아빠의 탄식

도원결의 (복숭아나무 桃 + 동산 園 + 맺을 結 + 옳을 義)

'복숭아나무 밭에서 의리를 맺는다'는 뜻으로, 뜻이 맞는 사람끼리 의형제를 맺고 함께하기로 약속함을 이르는 말.

나관중의 《삼국지연의》는 정치적으로 혼란한 시기인 한나라 말기가 배경인 소설이에요. 주인공 유비와 관우, 장비는 고통을 겪는 백성들을 보고는 위기에 빠진 나라를 구해야 겠다고 생각했어요. 셋은 한마음으로 사람들을 돕기로 다짐하며, 의형제를 맺었어요. 이후 온갖 어려움을 겪으면서 삼국 중 하나인 촉나라를 세운답니다.

"우리 삼총사도 이참에 영원한 우정을 맹세하며 **도원결의**를 맺을까?"

비육지탄 (넓적다리 髀 + 고기 肉 + 어조사 之 + 탄식할 嘆)

'허벅지살을 보면서 탄식한다'는 뜻으로, 재능을 발휘할 기회를 얻지 못한 채 헛되이 세월만 보내는 것을 한탄함을 이르는 말.

큰 세력 없이 여기저기 떠돌아다니던 유비는 한동안 친척인 형주 땅의 유표에게 가서 지냈어요. 어느 날 자신의 허벅지에 살이 쪄 있는 걸 발견하고는 전쟁터를 누비던 일들을 떠올리며 눈물을 흘렸어요. 천하를 바로잡겠다고 한 다짐은 어디로 가고, 아무것도 이루지 못한 채 허송세월만 하는 자신이 한심스러웠던 것이지요.

"뜻 있는 일을 하지 못한 채 살만 찌고 있으니, 마치 **비육지탄** 같아."

사자성어 퀴즈 50

계 ☐

(닭 鷄 + 갈빗대 肋)

> 오, 버리자니 아깝고 가지고 있자니 짐만 되고.
>
> 포★몬 카드

**'닭의 갈비뼈'라는 뜻으로,
별 소용은 없으나 버리기에는 아까운 것을 이르는 말.**

조조와 유비가 한중 땅을 놓고 싸울 때였어요. 싸움이 지지부진하던 어느 날 밤, 오늘 암호가 무엇이냐고 묻는 하후돈의 질문에 닭국을 먹던 조조는 '계륵'이라고 했어요. 그 말을 전해 들은 책사 양수는 조조가 한중 땅에서 군대를 곧 철수하리라 생각하고 짐을 꾸렸어요. 닭의 갈빗대는 먹을 만한 고기가 없지만 버리기에는 아깝다는 걸 알고는 조조의 한중에 관한 생각을 알아차린 것이지요. 자신의 마음을 들킨 조조는 양수가 위험하다고 판단해 죽였어요.

"이건 뭐 버리지도 지니지도 못하니, 계륵이 따로 없다."

금 의 ☐ ☐

(비단 錦 + 옷 衣 + 돌아올 還 + 시골 鄕)

'비단옷을 입고 고향에 돌아온다'는 뜻으로, 출세하여 고향에 옴을 이르는 말.

항우는 진나라 수도 관중을 진압해서 세력을 얻었어요. 참모가 관중을 근거로 천하를 통일하라고 했지만, 항우는 "성공하고도 고향에 못 간다면, 비단옷을 입고 밤길을 걷는 것과 같다." 하면서 고향 초나라로 향했어요. 하지만 초나라는 위치상 좋은 땅이 아니었어요. 훗날 적수 유방이 관중을 차지하여 천하통일의 기반을 마련했어요.

비슷한 사자성어 ▶ 의금귀향(衣錦歸鄕)

 "큰아버지는 금의환향하겠다는 마음으로 도시로 나가셨대."

순망치한 (입술 脣 + 망할 亡 + 이 齒 + 찰 寒)

'입술이 없으면 이가 시리다'는 뜻으로, 이해관계가 밀접한 사이에 어느 한쪽이 망하면 다른 쪽도 영향을 받아 온전하기 어려움을 이르는 말.

비슷한 사자성어 ▶ 순치지국(脣齒之國)

중국 춘추 시대, 진나라는 괵나라를 공격할 생각으로 길목에 있는 우나라에 길을 내달라고 했어요. 우나라의 궁지기가 왕에게 괵나라가 망하면 입술이 없어지게 되어 우나라 또한 위험하게 될 거라고 충언했지만, 왕은 듣지 않았어요. 결국 괵나라를 정벌하고 돌아오는 길에 진나라는 우나라 왕을 사로잡았어요.

"악어와 악어새는 일종의 **순망치한** 관계라고 볼 수 있지."

수어지교 (물 水 + 물고기 魚 + 어조사 之 + 사귈 交)

'물과 물고기의 관계'라는 뜻으로, 아주 친밀하여 떨어질 수 없는 사이를 이르는 말.

비슷한 사자성어 ▶ 문경지교(刎頸之交), 관포지교(管鮑之交)

유비와 제갈량의 사이가 날이 갈수록 친밀해지자, 관우와 장비가 질투했어요. 유비는 "나에게 공명이 있다는 건 고기가 물을 가진 것과 같다."라고 하면서 다시는 불평하지 말라고 타일렀어요. 관우와 장비는 그 말을 들을 수밖에 없었어요.

"우리 사이는 떼려야 뗄 수 없는 **수어지교**야."

 이런 뜻이 있어요

 옛이야기의 맛

칠종칠금 (일곱 七 + 늘어질 縱 + 일곱 七 + 사로잡을 擒)

'일곱 번 잡았다가 일곱 번 풀어 준다'는 뜻으로, 마음대로 잡았다 놔주었다 함을 이르는 말.

비슷한 사자성어 ▶ 칠금(七擒)

제갈량은 오랑캐로부터 신임을 받는 맹획을 생포했어요. 맹획의 마음을 잡으면 북쪽으로 진출하기도 쉬울 거라고 판단하고는 지략을 써서 맹획을 사로잡았다가 풀어 주길 반복했어요. 이렇게 일곱 번을 하자 맹획은 진심으로 제갈량을 따르기로 했어요. '상대의 마음을 마음대로 다룸'의 뜻으로 쓰여요.

 "영이는 **칠종칠금**으로 마요의 마음을 휘어잡았어."

괄목상대 (비빌 刮 + 눈 目 + 서로 相 + 대답할 對)

'눈을 비비고 상대편을 본다'는 뜻으로, 남의 학식이나 재주가 놀랄 만큼 향상된 것을 이르는 말.

중국 삼국 시대, 오나라 손권은 장수 여몽에게 무술 실력만 쌓지 말고 학식을 쌓으라고 당부했어요. 이에 여몽은 학문을 갈고닦았고, 실력이 엄청나게 늘었어요. 평소 여몽을 깔보는 마음이 있었던 노숙은 여몽의 변화에 감탄했어요. 한동안 못 본 사이에 인품이나 실력이 눈에 띄게 좋아진 것을 이르는 말이에요.

 "그 사람은 언제 저렇게 **괄목상대**할 정도로 성공했을까?"

185

다다익선 (많을 多 + 많을 多 + 더할 益 + 착할 善)
많으면 많을수록 좋음을 이르는 말.

어느 날 유방은 신하 한신에게 자신이 어느 정도의 군사를 거느릴 수 있냐고 물었어요. 한신은 10만이라고 대답했어요. 그러면 한신 자신은 얼마나 거느릴 수 있냐고 묻자 "많으면 많을수록 좋다."라고 했어요. 기분이 상한 유방이 군사를 많이 거느릴 수 있는 자가 어찌 자기 밑에 들어왔냐고 하자, 한신은 "저는 군사를 이끌 장수지만, 장수를 이끄는 우두머리로서 능력이 뛰어나신 분은 폐하이십니다."라고 재치 있게 대답했어요.

"돈은 **다다익선**이라고 많을수록 좋지."

낭중지추 (주머니 囊 + 가운데 中 + 어조사 之 + 송곳 錐)
'주머니 속의 송곳'이란 뜻으로, 재능이 뛰어난 사람은 숨어 있어도 저절로 세상 사람들의 주목을 받게 된다는 말.

비슷한 사자성어 ▶ 추처낭중(錐處囊中)

전국 시대 말기, 진나라의 공격을 받은 조나라는 재상 평원군에게 이웃 초나라로 가서 구원병을 요청하라고 했어요. 그때 평원군의 집에서 머물던 식객 중 '모수'란 자가 나서서 초나라와의 협상을 성공시켰어요. 실력을 갈고닦다 보면 유독 두각을 보이는 사람이 있어요. 그런 사람이 '낭중지추'예요.

"**낭중지추**란 말처럼 넌 가만있어도 재능이 겉으로 드러난다니까."

사자성어 퀴즈 52

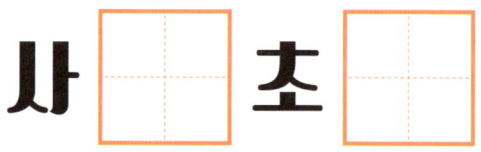

사 ☐ 초 ☐

(넉 四 + 낯 面 + 초나라 楚 + 노래 歌)

'사방에서 들려오는 초나라 노랫소리'라는 뜻으로,
아무에게도 도움받을 수 없는 고립된 상태에 처하게 된 것을 이르는 말.

   초나라 항우와 한나라 유방이 싸울 때였어요. 한나라는 포로로 잡은 초나라 군사들에게 고향 노래를 부르게 했어요. 가뜩이나 한나라에 포위된 초나라 군사들은 이 구슬픈 노래를 듣고 사기가 떨어져 하나둘 도망쳤어요. 심리전에서 패한 초나라는 전투에서도 대패하고 말았어요. 비슷한 말 '고립무원'은 '고립되어 구원받을 수 없음'을 뜻해요.

▶ **비슷한 사자성어** 고립무원(孤立無援)

"지금 이러지도 저러지도 못하는 **사면초가**에 빠져 있어."

사자성어 끝말잇기

고 ― ㅅ ― ㅈ ― 계

(잠시 姑 + 숨 쉴 息 + 어조사 之 + 꾀할 計)

😊 **풀이**

우선 당장 편한 것만을 택하는 꾀나 방법. 한때의 안정을 얻으려 임시로 처리하거나 이리저리 주선하여 꾸며 내는 계책. '언 발에 오줌 누기'.

계 ― ㅍ ― ㅇ ― 낙

(계절 季 + 베 布 + 하나 一 + 대답할 諾)

😊 **풀이** 절대로 틀림없는 승낙. 초나라 장수 계포의 한 번 승낙은 백금을 얻는 것보다 더 소중했다는 고사에서 유래한 말.

낙 ― ㅈ ― ㅎ ― 석

(떨어질 落 + 함정 穽 + 아래 下 + 돌 石)

😊 **풀이** '함정에 빠진 사람에게 돌을 떨어뜨린다'는 뜻으로, 어려운 처지에 놓인 사람을 돕기는커녕 도리어 괴롭힘을 이르는 말.

사자성어 찾아보기

ㄱ

가담항설 ⋯ 25
각골난망 ⋯ 167
각양각색 ⋯ 133
감개무량 ⋯ 73
감언이설 ⋯ 11
감탄고토 ⋯ 144
개과자신 ⋯ 127
개과천선 ⋯ 127
객반위주 ⋯ 96
거두절미 ⋯ 14
견묘지간 ⋯ 147
견물생심 ⋯ 69
견원지간 ⋯ 147
결자해지 ⋯ 169
결초보은 ⋯ 167
계군고학 ⋯ 145
계륵 ⋯ 180
계명구도 ⋯ 155
계포일낙 ⋯ 189
고군분투 ⋯ 49
고량진미 ⋯ 113
고립무원 ⋯ 188
고성방가 ⋯ 25
고식지계 ⋯ 189
고장난명 ⋯ 49
고전분투 ⋯ 49
고진감래 ⋯ 47
과불급 ⋯ 87
과유불급 ⋯ 87
관포지교 ⋯ 183
괄목상대 ⋯ 185
교각살우 ⋯ 147
교언영색 ⋯ 19
교토삼굴 ⋯ 162
구사일생 ⋯ 39
구천직하 ⋯ 37
군계일학 ⋯ 145
금상첨화 ⋯ 108
금의환향 ⋯ 181
기고만장 ⋯ 80
기사회생 ⋯ 39
기세등등 ⋯ 80

ㄴ

낙정하석 ⋯ 189
난형난제 ⋯ 57
낭유도식 ⋯ 117
낭중지추 ⋯ 187
내정돌입 ⋯ 101
노심초사 ⋯ 83

ㄷ

다다익선 ⋯ 187
다반사 ⋯ 163
다사다난 ⋯ 55
다사다단 ⋯ 55
다재다능 ⋯ 131
단도직입 ⋯ 14
단심 ⋯ 71
대기만성 ⋯ 51
도소지양 ⋯ 155
도원결의 ⋯ 179
도원경 ⋯ 114
독불장군 ⋯ 129
독장난명 ⋯ 49
돌입내정 ⋯ 101
동고동락 ⋯ 167
동문서답 ⋯ 11
동병상련 ⋯ 75
동상각몽 ⋯ 79
동상이몽 ⋯ 79
동심협력 ⋯ 42
동주상구 ⋯ 75
동충서돌 ⋯ 95
두문불출 ⋯ 123

ㅁ

마부작침 ⋯ 62
마이동풍 ⋯ 20
막상막하 ⋯ 57
만불성설 ⋯ 17
망타 ⋯ 32
명불허득 ⋯ 135
명불허전 ⋯ 135
명실상부 ⋯ 119
모사 ⋯ 35
무골호인 ⋯ 77
무릉도원 ⋯ 114
무아경 ⋯ 107
무아지경 ⋯ 107
무위도식 ⋯ 117
문경지교 ⋯ 183
문동답서 ⋯ 11

ㅂ

박장대소 ⋯ 109
반의지희 ⋯ 154
반포지효 ⋯ 154
반화위복 ⋯ 53
방약무인 ⋯ 131
방휼지쟁 ⋯ 93
배은 ⋯ 99
배은망덕 ⋯ 99
백계무책 ⋯ 89
백미 ⋯ 126
백전백승 ⋯ 41
백전불패 ⋯ 41
백절불굴 ⋯ 38
봉복절도 ⋯ 115
부귀영화 ⋯ 119
부언낭설 ⋯ 17
비육지탄 ⋯ 179

ㅅ

사각팔방 ⋯ 37
사대육신 ⋯ 43
사리사욕 ⋯ 83
사면초가 ⋯ 188
사방팔방 ⋯ 37
사족 ⋯ 151
산자수명 ⋯ 119
산전수전 ⋯ 63
산해진미 ⋯ 113
살신성인 ⋯ 60
살신입절 ⋯ 60
삼고초려 ⋯ 177
삼삼오오 ⋯ 31
삼오삼오 ⋯ 31
삼척동자 ⋯ 125
상산구어 ⋯ 153
새옹득실 ⋯ 53
새옹지마 ⋯ 53
생로병사 ⋯ 118
석화 ⋯ 99
선견지명 ⋯ 136
설상가상 ⋯ 90, 108
설왕설래 ⋯ 25
소탐대실 ⋯ 147
속수무책 ⋯ 89
손강영설 ⋯ 50
수기응변 ⋯ 100
수시응변 ⋯ 100
수어지교 ⋯ 183
순망치한 ⋯ 183
순치지국 ⋯ 183
시시비비 ⋯ 173
시어다골 ⋯ 59
식자우환 ⋯ 137
신토불이 ⋯ 43
실사구시 ⋯ 173
심사숙고 ⋯ 73
심사숙려 ⋯ 73
심심상인 ⋯ 67
십년지기 ⋯ 159
십상팔구 ⋯ 41
십시일반 ⋯ 42
십중팔구 ⋯ 41

ㅇ

아가사창 ⋯ 89
안분지족 ⋯ 105
안빈낙도 ⋯ 105
안하무인 ⋯ 131
안한자적 ⋯ 111
야간도주 ⋯ 171
야반도주 ⋯ 171
약육강식 ⋯ 93
어부지리 ⋯ 93

어불성설 … 17	일언지하 … 19	주경야독 … 50	**ㅍ**
언행일치 … 21	일자무식 … 137	주마가편 … 149	파란만장 … 55
여풍과이 … 20	일장춘몽 … 105	죽마고우 … 159	파안대소 … 109
역지사지 … 76	일진월보 … 59	죽마지우 … 159	팔방미인 … 131
연목구어 … 153	일촉즉발 … 61	지록위마 … 150	포기 … 69
오리무중 … 95	일취월장 … 59	진수성찬 … 113	포복절도 … 115
오매불망 … 79	일파만파 … 31	질풍노도 … 161	풍비박산 … 56
오매사복 … 79	일편단심 … 71		풍산 … 56
오월동주 … 97	일희일비 … 35		풍전등촉 … 61
오합지졸 … 149	일희일우 … 35	**ㅊ**	풍전등화 … 61
오합지중 … 149	임기응변 … 100	천고마비 … 168	
와신상담 … 47		천군만마 … 33	
외강내유 … 135		천방지방 … 125	**ㅎ**
외유내강 … 135	**ㅈ**	천방지축 … 125	학수고대 … 141
욕언미토 … 83	자격지심 … 75	천병만마 … 33	항다반사 … 163
용두사미 … 143	자괴지심 … 75	철두철미 … 132	허심탄회 … 81
우공이산 … 62	자두지미 … 161	철상철하 … 132	현문우답 … 23
우도할계 … 155	자성일가 … 171	청산우수 … 165	형설지공 … 50
우문현답 … 23	자수성가 … 171	청산유수 … 165	형형색색 … 133
우승열패 … 93	자승자박 … 87	청출어람 … 129	호가호위 … 153
우여곡절 … 55	자업자득 … 87	초려삼고 … 177	호기만장 … 80
우유부단 … 77	자업자박 … 87	촌철살인 … 15	호사다마 … 59
우이독경 … 20	자초지종 … 161	추고마비 … 168	호시탐탐 … 141
위풍당당 … 123	자포자기 … 69	추처낭중 … 187	호언장담 … 24
유구무언 … 13	작심삼일 … 29	출람 … 129	홍연대소 … 109
유명무실 … 173	적반하장 … 89	출류발군 … 126	화룡점정 … 143
유비무환 … 162	전광석화 … 99	칠금 … 185	화사첨족 … 151
유언비어 … 17	전긍 … 67	칠전팔기 … 38	환골탈태 … 137
유유상종 … 159	전무후무 … 63	칠종칠금 … 185	횡설수설 … 23
유유자적 … 111	전전긍긍 … 67		횡수설거 … 23
읍참마속 … 177	전호후랑 … 90		흥진비래 … 47
의금귀향 … 181	전화위복 … 53	**ㅌ**	희로애락 … 107
이실고지 … 13	전후시말 … 161	타산지석 … 172	희희낙락 … 117
이실직고 … 13	절치부심 … 47	토사구팽 … 144	
이심전심 … 67	점입가경 … 111		
이열치열 … 165	점정 … 143		
이팔청춘 … 43	정면충돌 … 101		
이합집산 … 63	정문일침 … 101		
인과응보 … 91	정상일침 … 101		
인생무상 … 105	조삼모사 … 35		
인지상정 … 82	종과득과 … 91		
일거양득 … 29	종두득두 … 91		
일거이득 … 29	종종색색 … 133		
일망타진 … 32	좌불안석 … 70		
일사천리 … 37	좌충우돌 … 95		
일상다반사 … 163	주객전도 … 96		
일석이조 … 29			

말맛이 살고 글맛이 좋아지는
어맛! 사자성어 맛집

1판 1쇄 발행 2021년 9월 10일
1판 7쇄 발행 2025년 7월 10일

글   홍옥
그   림   신동민

펴 낸 이 김유열
디지털학교교육본부장 유규오
출판국장 이상호
교재기획부장 박혜숙 | **교재기획부** 장효순

책임편집 홍옥
디 자 인 김수인
인   쇄 애드그린인쇄

펴 낸 곳 한국교육방송공사(EBS)
출판신고 2001년 1월 8일 제2017-000193호
주   소 경기도 고양시 일산동구 한류월드로 281
대표전화 1588-1580
이 메 일 ebsbooks@ebs.co.kr
홈페이지 www.ebs.co.kr

I S B N   978-89-547-5912-0 74700
          978-89-547-5398-2 (세트)

ⓒ 2021, EBS·홍옥·신동민

이 책은 저작권법에 따라 보호받는 저작물이므로 무단 전재 및 무단 복제를 금합니다.
파본은 구입처에서 교환해 드리며, 관련 법령에 따라 환불해 드립니다. 제품 훼손 시 환불이 불가능합니다.